紹興大典

史部

乾隆 諸暨縣志

2

中華書局

諸暨縣志卷十一

徵輸下　賦役四

國朝

賦役全書諸暨縣原設版圖壹百陸拾肆里今編順莊伍百伍拾陸莊

原額田捌千壹頃柒拾畝柒分柒厘叁毫内

原田柒千伍百柒拾柒頃叁拾肆畝肆分壹厘叁毫雍正七年為請定各省耕耤等事案内置買耤田除田肆畝玖分　實該田柒千伍百柒拾柒頃貳拾玖畝伍分壹厘叁毫每畝徵銀伍分陸厘捌毫該銀肆萬叁千叁拾玖兩叁分陸厘叁毫叁絲捌忽肆徵　每畝徵米柒合柒抄該米伍

千叁百伍拾柒石壹斗肆升柒合陸勺伍抄陸撮玖圭壹粟

泌湖上則田壹百壹拾頃貳拾伍畝叁分叁厘陸毫每畝徵銀肆分肆厘叁毫該銀肆百捌拾捌兩肆錢貳分貳厘叁毫捌絲肆忽捌微　每畝徵米貳合叁勺該米貳拾伍石叁斗伍升捌合貳勺柒抄貳撮捌圭

中則田壹百玖拾伍頃柒拾捌畝壹分叁厘玖毫每畝徵銀貳分玖厘陸毫該銀伍百柒拾玖兩伍錢壹分貳厘玖毫壹絲肆忽肆微　每畝徵米貳合壹勺該米肆拾壹石壹斗壹升肆合玖抄壹撮玖圭

下則田壹百陸頃柒拾壹畝陸分每畝徵銀壹分柒厘玖毫該銀壹百玖拾壹兩貳分壹厘陸毫肆絲　每畝徵米壹合陸勺該米壹拾柒石柒升肆合伍勺陸抄

地山開墾成田壹拾壹頃陸拾壹畝貳分捌厘伍毫　康熙六年為清查各省等事案內丈出田捌拾陸頃叁拾貳畝捌厘壹毫　康熙十六年為籌餉期于有濟等事案內清出田壹拾肆頃伍拾畝玖分捌厘玖毫　康熙二十六年為遵報陞科事案內新墾田伍頃伍拾柒畝肆分叁厘伍毫　康熙三十一年為確查開報陞科事案內新墾田肆頃陸拾柒畝　康熙三十二年為遵例開墾等事案內新墾田肆拾叁畝叁厘玖毫　康熙三十三年為遵例開墾等事案內新墾田叁拾玖畝捌分玖厘壹毫　康熙三十四年為呈報開墾事案內新墾田叁拾壹畝伍分貳厘肆毫　康熙三十五年為呈報開墾事案內新墾田叁拾陸畝貳分玖厘玖毫　康熙三十七年為呈報陞科事案內新墾田玖分　康熙四十一年為遵報陞科事案內新墾田叁頃貳拾畝陸分玖厘玖毫　康熙四十二年為遵報陞科事案內新墾田壹頃肆拾貳畝

柒分陸厘叁毫　康熙四十九年為遵報陞科事
案内新墾田叁頃陸拾叁畝陸分壹厘玖毫　康
熙五十二年為遵報陞科事案内新墾田叁頃貳
拾貳畝伍厘叁毫　雍正二年為確查開報陞科
事案内新墾田陸頃柒拾叁畝陸分壹厘玖毫
雍正十一年為確查開報陞科事案内新墾田柒
頃肆拾陸畝柒分貳厘捌毫捌絲陸忽　乾隆元
年為加陞糧銀事案内地山塘蕩改為田陸拾玖
畝壹分肆厘叁毫貳絲玖忽　乾隆二十九年為
確查開報陞科事案内新墾田柒頃肆拾肆畝捌
分陸厘伍毫　又為加陞糧銀事案内地山
塘蕩改為田玖頃柒拾畝肆分叁厘陸毫　實該
田壹百陸拾柒頃柒拾肆畝叁分陸厘玖毫壹絲
伍忽每畝徵銀叁分捌厘伍毫該銀陸百肆拾伍兩捌錢壹分叁厘貳毫壹絲貳忽貳微柒塵
伍渺每畝徵米貳合陸勺伍抄該米肆拾肆石肆斗伍升貳合柒抄捌撮貳圭肆粟柒粒伍黍

原額地壹千肆百叁拾壹頃捌畝貳分捌厘捌毫

内

原地壹千肆百叁拾頃貳拾貳畝肆厘捌毫雍正七年為請定各省耕耤等事案內置買耤田壇基除地壹畝柒分　乾隆元年為加陞糧銀事案內地改為田除地陸拾壹畝肆分伍厘叁絲玖忽　乾隆二十九年為加陞糧銀事案內地改為田除地捌頃叁拾肆畝伍分貳厘玖毫

實該地壹千肆百貳拾壹頃貳拾肆畝叁分陸厘捌毫陸絲壹忽每畝徵銀壹分柒厘捌毫該銀貳千伍百貳拾玖兩捌錢壹分叁厘柒毫陸絲壹忽貳微伍塵捌渺

新墾地捌拾陸畝貳分肆厘康熙六年為清查各省等事案內丈出地

伍拾柒頃壹拾伍畝陸分叁厘肆毫　康熙十六
年為籌餉期于有濟等事案內清出地捌頃貳拾
叁畝肆分伍厘壹毫　康熙二十六年為遵報陞
科事案內新墾地貳頃叁拾玖畝伍分玖厘叁毫
　康熙三十一年為確查開報陞科事案內新墾
地貳頃陸拾伍畝陸分　康熙三十二年為遵例
開墾等事案內新墾地叁拾壹畝捌分伍厘玖毫
　康熙三十三年為遵例開墾等事案內新墾地
叁拾陸畝陸分玖厘　康熙三十四年為呈報開
墾事案內新墾地肆拾陸畝壹分　康熙三十五
年為呈報開墾事案內新墾地貳拾貳畝伍分
康熙三十七年為呈報陞科事案內新墾地肆拾
壹畝柒分　康熙四十一年為遵報陞科事案內
新墾地叁頃壹拾陸畝叁毫　康熙四十二年為
遵報陞科事案內新墾地壹頃玖畝捌厘　康熙
四十九年為遵報陞科事案內新墾地叁頃柒拾
壹畝捌分伍厘　康熙五十二年為遵報陞　科事
案內新墾地壹頃陸拾捌畝叁分壹厘柒毫　雍

正二年爲確查開報陞科事案内新墾地肆頃貳拾畝叁分玖厘柒毫　雍正十一年爲確查開報陞科事案内新墾地肆頃肆拾貳畝叁分貳厘貳絲捌忽　乾隆元年爲加陞糧銀事案内山改爲地捌畝捌分叁厘叁毫叁絲貳忽　乾隆二十九年爲確查開報陞科事案内新墾地肆頃陸拾畝壹分肆毫　又爲加陞糧銀事案内山塘蕩改爲地壹頃壹拾玖畝陸分捌毫除乾隆二十九年爲加陞糧銀事案内地改爲田　除　實該地壹拾捌畝玖分陸厘壹毫

實該地玖拾柒頃陸畝玖分壹厘捌毫陸絲　每畝徵銀壹分貳厘該銀壹百壹拾陸兩肆錢捌分叁厘貳絲叁忽貳微

原額山壹千陸百捌拾壹頃肆拾玖畝捌分伍厘陸毫　乾隆二十九年爲確查開報陞科事案内新墾山叁十捌畝肆分除康熙六年爲清查各

省等事案内丈缺山肆拾叁頃壹拾貳畝叁分柒厘貳毫　乾隆元年為加陞糧銀事案内山改為田地除山玖畝叁厘叁毫叁絲貳忽　乾隆二十九年為加陞糧銀事案内山改為田地除山壹頃柒拾伍畝捌分玖厘陸毫　實該山壹千陸百叁拾陸頃玖拾畝玖分伍厘肆毫陸絲捌忽　每畝徵銀叁厘肆毫該銀伍百伍拾陸兩伍錢肆分玖厘貳毫肆絲伍忽玖微壹塵貳渺

原額塘蕩貳百捌拾伍頃捌拾玖畝肆分柒厘伍毫　康熙六年為清查各省等事案内丈出塘蕩貳拾頃壹拾柒畝柒厘捌毫　康熙二十六年為遵報陞科事案内新墾塘蕩壹拾畝伍分伍厘　康熙三十二年為遵例開墾等事案内新墾塘蕩壹分　康熙三十三年為遵例開墾等事案内新墾塘蕩壹畝貳分伍厘　雍正十一年為確查開

報陞科事案內新墾塘蕩叁拾畝捌分貳厘乾
隆二十九年為確查開報陞科事案內新墾塘蕩
貳頃叁拾捌畝壹分壹厘壹毫除乾隆元年為加
陞糧銀事案內塘蕩改為田除塘蕩柒畝肆分玖
厘貳毫玖絲乾隆二十九年為加陞糧銀事案
內塘蕩改為田地除塘蕩陸拾畝陸分伍厘捌毫
實該塘蕩叁百捌頃壹拾玖畝貳分叁厘叁毫壹
絲每畝徵銀貳厘叁毫該銀柒拾兩捌錢捌分肆厘貳毫叁絲陸忽壹微叁塵
原額戶口人丁叁萬捌千陸百捌拾肆丁口內
成丁人丁壹萬壹千貳百捌拾伍口康熙六年為清查各省等
事案內清出人丁貳拾捌口實該成丁壹萬壹千叁百壹拾叁
口每口徵銀壹錢壹分該銀壹千貳百肆拾肆兩肆錢叁分每口徵米伍合陸勺該米陸拾叁

石叁斗伍升貳合捌勺

食鹽鈔人丁壹萬貳千伍百壹拾壹口康熙六年為清查各省等事案内清出人丁肆拾叁口實該食鹽鈔人丁壹萬貳千伍百伍拾肆口每口徵銀陸分肆釐該銀捌百叁兩肆錢伍分陸釐　每口徵米伍合陸勺該米柒拾石叁斗貳合肆勺

食鹽課人口壹萬肆千捌百捌拾捌口康熙六年為清查各省等事案内清出人口伍拾口實該人口壹萬肆千玖百叁拾捌口每口徵銀壹分伍釐該銀貳百貳拾肆兩柒分每口徵米伍合陸勺該米捌拾叁石陸斗伍升貳合捌勺

以上田地山塘蕩人丁等項共徵銀伍萬肆百捌拾玖两肆錢玖分貳厘柒毫伍絲陸忽叁微柒塵伍渺

一加顏料新加銀叁拾叁两肆錢肆分玖厘捌毫柒絲伍忽

一加蠟茶新加銀壹拾捌两玖錢玖分陸毫柒絲陸忽伍微

一加顏料時價銀柒两玖錢陸分伍厘玖毫肆絲壹忽肆微陸渺貳漠伍埃

一加蠟茶時價銀叁两陸錢伍分柒厘伍毫壹絲捌微柒塵伍渺

一加藥材時價銀伍两玖錢貳分壹厘壹毫伍微

一加匠班銀壹百陸两玖錢捌分玖厘伍毫

以上陸款每年于地丁項下每两帶徵

一加收零積餘米叁拾石陸斗陸升柒合肆勺貳抄肆撮捌圭陸粟今每石改徵銀壹两該銀叁拾两陸錢陸分柒厘肆毫貳絲肆忽捌微陸塵

一加孤貧口糧米壹百伍拾肆石捌斗今每石改徵銀壹两該銀壹百伍拾肆两捌錢

通共實徵銀伍萬捌百伍拾壹兩玖錢叁分肆厘柒毫捌絲伍忽伍微壹塵陸渺貳漠伍埃

共徵米伍千柒百貳石肆斗伍升肆合陸勺伍抄玖撮捌圭伍粟柒粒伍黍內一除收零積餘米叁拾石陸斗陸升柒合肆勺貳抄肆撮捌圭陸粟一除孤貧口糧米壹百伍拾肆石捌斗實徵米伍千伍百壹拾陸石玖斗捌升柒合貳勺叁抄肆撮玖圭玖粟柒粒伍黍

外賦入地丁科徵稅課局課鈔銀肆拾伍兩均徭編徵抵裁冗兵餉係隨糧帶徵即在地丁編徵之內

外賦不入地丁科徵銀陸拾捌兩叁錢玖分捌厘貳毫捌絲内

本縣課鈔銀陸兩捌錢貳分壹厘捌毫門攤鋪户出辦歸經費用

税課局課鈔銀陸拾壹兩伍錢柒分陸厘肆毫捌絲市鎮鋪行出辦歸經費用

以上地丁并外賦共實徵銀伍萬玖百貳拾兩叁錢叁分叁厘陸絲伍忽伍微壹塵陸渺貳漠伍埃

起運銀肆萬貳百伍拾柒兩捌錢伍分叁厘叁毫

捌絲捌忽壹微玖塵玖渺貳漠肆埃捌纖陸沙鋪墊解損滴珠路費銀貳百壹拾肆兩壹錢捌釐壹毫捌絲壹忽貳微柒渺玖漠玖埃貳沙內

户部本色銀貳百柒兩貳錢貳釐肆毫玖絲捌忽陸塵貳渺伍漠鋪墊解損滴珠路費銀玖兩柒錢肆分伍釐叁毫玖絲柒忽伍微捌塵柒渺伍漠內

顏料本色銀壹拾壹兩壹錢壹分伍毫玖絲柒忽陸微伍塵陸渺貳漠伍埃鋪墊損解路費銀肆兩貳錢伍釐柒毫陸微貳塵伍渺微銀解司另款解部充餉

顏料本色加增時價銀柒兩玖錢陸分伍釐玖毫

肆絲壹忽肆微陸渺貳漠伍埃每年纂入由單頒發徵輸另款解司彙充餉用

顏料改折銀壹拾貳兩伍錢陸分叁厘肆毫陸忽貳微伍塵鋪墊損解路費銀肆兩叁錢伍分壹厘壹毫伍絲捌忽柒微伍塵徵銀解司另款解部充餉

顏料改折加增時價銀叁拾叁兩肆錢肆分玖厘捌毫柒絲伍忽不入科則每年于地丁項下每兩科加增銀解司另款解部充餉

蠟茶本色銀貳拾伍兩肆錢玖分壹絲叁忽壹微貳塵伍渺徵銀解司另款解部充餉

蠟茶本色加增時價銀叁両陸錢伍分柒厘伍毫壹絲捌微柒塵伍渺每年纂入由單頒發徵輸另款解司彙充餉用

黄蠟折色銀捌拾壹両玖錢叁厘貳毫壹絲陸忽貳微伍塵路費銀捌錢柒分柒厘玖毫壹絲捌忽捌微叁塵柒渺伍漠徵銀解司另款解部充餉

黄蠟加增時價銀壹両陸錢捌分貳厘伍毫路費銀壹分陸厘捌毫貳絲伍忽不入科則每年于地丁項下每両科加徵銀解司另款解部充餉

芽茶折色銀柒両玖錢柒分肆厘柒毫捌絲柒忽伍微路費銀柒分玖厘柒毫肆絲柒忽捌微柒塵伍渺徵銀解司另款解部充餉

芽茶加增時價銀壹拾兩陸錢捌分肆厘伍毫捌絲柒忽伍微路費銀壹錢陸厘捌毫肆絲伍忽捌微柒塵伍渺不入科則每年于地丁項下每两科加徵銀解司另款解　部充餉

蘖茶折色銀肆两貳錢捌分肆厘伍毫路費銀肆分貳厘捌毫肆絲伍忽徵銀解司另款解　部充餉

蘖茶加增時價銀陸两肆錢叁分伍厘伍毫陸絲貳忽伍微路費銀陸分肆厘叁毫伍絲伍忽陸微貳塵伍渺不入科則每年于地丁項下每两科加徵銀解司另款解　部充餉

以上共地丁銀壹百伍拾貳两捌錢捌分叁厘捌

毫玖絲壹忽捌微陸塵捌渺柒漠伍埃新加銀伍拾貳兩肆錢肆分伍毫伍絲壹忽伍微時價銀壹拾壹兩陸錢貳分叁厘肆毫伍絲貳忽貳微捌塵壹渺貳漠伍埃

户部折色銀壹萬肆千壹百伍拾壹兩伍錢壹分捌厘捌毫玖忽壹微叁塵肆渺陸漠滴珠路費銀壹百肆拾兩伍錢伍分伍毫肆絲貳忽柒塵肆漠玖埃貳沙内

折色銀壹萬叁千肆百伍拾肆兩叁錢陸分伍厘壹毫捌絲壹微伍塵玖渺陸漠滴珠路費銀壹百肆拾兩伍錢伍分

伍毫肆絲貳忽柒塵肆漠玖埃貳沙

康熙六年丈量陞科銀叁百玖拾柒两肆錢捌分壹厘玖毫肆絲壹忽壹微

康熙十六年新墾銀陸拾伍两柒錢肆分肆厘肆毫捌絲捌忽伍微

康熙二十六年新墾銀貳拾肆两叁錢陸分陸毫貳絲捌忽伍微

康熙三十一年新墾銀貳拾壹两壹錢陸分陸厘柒毫

康熙三十二年新墾銀貳两叁分玖厘伍毫叁絲玖忽伍微

康熙三十三年新墾銀壹两玖錢柒分捌厘玖毫伍絲捌忽伍微

康熙三十四年新墾銀壹两柒錢陸分陸厘捌毫柒絲肆忽

康熙三十五年新墾銀壹两陸錢陸分柒厘伍毫壹絲壹忽伍微

康熙三十七年新墾銀伍两叁分伍厘伍絲

康熙四十一年新墾銀壹拾陸两壹錢叁分捌厘
玖毫肆絲柒忽伍微
康熙四十二年新墾銀陸两捌錢伍厘叁毫叁絲
伍忽伍微
康熙四十九年新墾銀壹拾捌两肆錢陸分壹厘
伍毫叁絲壹忽伍微
康熙五十二年新墾銀壹拾肆两肆錢壹分捌厘
捌毫肆絲肆忽伍微
雍正二年新墾銀叁拾两玖錢柒分玖厘玖絲伍

忽伍微

雍正十一年新墾銀叁拾肆兩壹錢貳分柒厘柒

毫玖絲肆微柒塵

乾隆元年新墾銀壹两陸錢貳分陸厘貳毫伍絲

貳忽陸微伍渺

乾隆二十九年新墾銀叁拾肆两捌錢柒分陸厘

柒毫陸絲伍忽捌微

乾隆二十九年加陞銀貳拾貳两玖錢柒分柒厘

叁毫柒絲肆忽

以上共地丁銀壹萬肆千貳百玖拾貳兩陸分玖厘叁毫伍絲壹忽貳微伍渺玖埃貳沙

禮部本色銀玖兩陸錢陸分玖毫叁絲貳忽伍微津貼路費銀壹兩捌錢陸分玖厘玖毫壹絲陸忽内

藥材本色銀壹兩壹錢捌分玖厘陸毫伍絲叁忽陸微壹塵肆渺陸漠陸埃陸纖陸沙津貼路費銀伍錢玖分肆厘捌毫貳絲陸忽捌微柒渺叁漠叁埃叁纖叁沙徵銀解司另款解部充餉

藥材改折銀貳兩伍錢伍分壹毫柒絲捌忽叁微捌塵伍渺叁漠叁埃叁纖肆沙津貼路費銀壹兩貳錢柒分伍厘捌

絲玖忽壹微玖塵貳渺陸漠陸埃陸纖柒沙徵銀解司另款解　部充餉

藥材加增時價銀伍两玖錢貳分壹厘壹毫伍微

每年纂入由单須發徵輸另款解司彙充餉用

以上共地丁銀伍两陸錢玖厘柒毫肆絲捌忽時價銀伍两玖錢貳分壹厘壹毫伍微

禮部折色銀壹百柒两伍錢叄分貳厘玖毫捌絲捌忽路費銀柒两肆錢壹厘玖毫壹絲

以上共地丁銀壹百壹拾肆两玖錢叄分肆厘捌毫玖絲捌忽

工部本色銀陸拾貳兩玖錢叁分貳厘肆毫柒絲

鋪墊路費銀叁拾玖兩玖錢玖分玖厘壹毫叁絲柒忽伍微伍塵内

桐油本色銀壹拾壹兩柒錢貳分貳厘柒毫壹絲伍忽

墊庫路費銀叁拾玖兩肆錢捌分柒厘肆絲

桐油改折并墊費銀伍拾壹兩貳錢玖厘柒毫伍絲伍忽

路費銀伍錢壹分貳厘玖絲柒忽伍微伍塵徵銀解司另款解部充餉

以上共地丁銀壹百貳兩玖錢叁分壹厘陸毫柒忽伍微伍塵

工部折色銀叁千叁百壹拾柒兩柒分柒厘貳毫

伍絲路費銀玖两捌錢捌分陸厘伍毫貳絲叁忽內

折色銀叁千貳百壹拾两捌分柒厘柒毫伍絲路費銀玖两捌錢捌分陸厘伍毫貳絲叁忽

匠班銀壹百陸两玖錢捌分玖厘伍毫

以上共地丁銀叁千貳百壹拾玖两玖錢柒分肆厘貳毫柒絲叁忽　田畝帶徵匠班銀壹百陸两玖錢捌分玖厘伍毫

裁改存留解　部銀壹萬貳千玖百玖拾伍两叁錢叁分捌厘柒毫貳絲貳忽肆微玖塵貳渺壹漠

肆埃捌纖陸沙路費銀肆兩陸錢伍分肆厘柒毫伍絲伍忽內

軍儲倉餘存充餉銀貳千肆百肆兩陸錢伍分貳厘柒毫陸絲肆忽叁塵捌渺玖漠伍埃捌纖肆沙

南折充餉銀壹千伍百貳拾伍兩捌錢肆分玖厘壹毫玖絲貳忽伍微順治八年奉文每石折銀壹兩伍錢

順治九年舊編裁剩解　部并米折銀捌百柒兩叁錢陸分貳厘肆毫貳絲肆忽肆微叁塵貳渺玖漠柒埃壹纖壹沙本府捕盜應捕銀壹拾肆兩肆錢　本縣捕盜應捕銀肆拾叁兩貳錢　上司按臨并府縣朔望行香講書紙劄筆墨香燭銀叁兩　外省馬價銀肆百陸拾伍兩

肆錢柒分伍厘伍毫　預備倉經費銀貳拾貳兩
常豐二倉經費銀玖拾壹兩貳錢　預備本府
雜用銀貳拾伍兩　預備本縣雜用銀伍拾壹兩
三江巡司弓兵銀貳拾壹兩陸錢　各役工食
裁剩銀肆兩陸錢伍分壹厘肆毫柒絲壹忽捌微
伍塵柒渺壹漠　收零積餘銀叁拾伍兩壹錢陸
分捌厘貳絲柒忽柒微壹塵伍渺捌漠柒埃壹纖
壹沙　收零積餘米易銀叁拾兩陸錢陸分柒厘
肆毫貳絲肆忽捌微陸塵共該前數　馬價
路費銀肆兩陸錢伍分肆厘柒毫伍絲伍忽
順治九年裁扣銀貳百捌拾伍兩貳錢　同知吏書門子步快
皂隸銀伍拾伍兩貳錢　本縣知縣修宅家伙銀
貳拾兩　吏書門皂馬快民壯燈夫禁卒轎傘扇
夫倉庫書庫子斗級銀壹百玖拾叁兩貳錢　縣
丞書門皂馬銀捌兩肆錢　典史書門皂馬銀捌
兩肆
錢

順治十二年裁案衣家伙傘扇銀柒拾壹两分巡紹台道桌幃銀肆拾伍两　同知家伙桌幃銀壹拾捌两　知縣迎送　上司傘扇銀捌两

順治十三年漕運月糧三分撥還軍儲銀叁千叁拾陸两叁錢壹分叁厘壹毫伍絲捌忽壹微捌塵貳漠壹埃玖纖壹沙

順治十四年裁扣銀肆百肆拾貳两壹錢柒分貳厘伍毫本府進表委官盤纏銀伍錢伍分貳厘伍毫　分守寧紹台道門子皂隸聽事吏舖兵銀貳拾肆两　分巡紹台道薪蔬桌幃等項銀肆拾肆两伍錢貳分貳厘　同知薪銀桌幃傘扇銀壹拾貳两伍錢伍分陸厘　本縣知縣薪銀油燭傘扇銀叁拾两肆錢玖分　縣丞薪銀捌两叁

錢貳厘　生員廪糧府縣學共銀貳百捌兩上
司并公幹官員經臨中火宿食廪糧飯食下程油
燭柴炭銀貳拾伍兩貳錢　門神桃符銀壹兩伍
錢　鄉飲酒禮銀捌兩　提學道考試搭蓋蓮廠
銀壹兩壹錢　歲考生員試卷果餅激賞花紅紙
劄筆墨并童子果餅進學花紅銀壹拾伍兩　季
考生員試卷果餅激賞花紅紙劄筆墨銀玖兩
三江巡司弓兵銀肆拾叁兩貳錢　各渡渡夫銀
壹拾兩　備用銀內扣按察
司進表水手銀柒錢伍分

順治十四年裁膳夫銀肆拾兩

順治十四年裁里馬銀柒拾肆兩壹錢陸分

順治十五年裁優免銀貳百壹拾叁兩捌分壹厘
伍毫貳絲

康熙元年裁吏書工食銀壹百貳拾兩同知吏書銀叁拾陸兩知縣吏書銀柒拾貳兩縣丞書辦銀陸兩典史書辦銀陸兩

康熙元年裁提學道歲考心紅等銀壹拾陸兩壹錢原編提學道歲考生員試卷果餅激賞花紅紙劄筆墨并童子果餅進學花紅府學銀壹拾兩縣學銀貳拾兩 考試搭蓋蓬廠工料銀貳兩貳錢除順治拾肆年裁半外今裁前數

康熙二年裁倉庫學書工食銀壹拾玖兩貳錢本縣倉書銀陸兩 庫書銀陸兩 學書銀柒兩貳錢

康熙三年裁教職經費銀伍拾柒兩玖錢貳分本縣訓導俸銀叁拾壹兩伍錢貳分 喂馬草料銀壹拾貳兩 門子銀壹拾肆兩肆錢

康熙三年裁齋夫銀叁拾陸両

康熙六年裁官經費銀柒拾柒両伍錢分巡紹台道俸銀伍拾貳両伍錢心紅紙張銀貳拾伍両

康熙七年裁按院節字號坐船水手銀伍両

康熙八年裁驛站銀捌拾両肆錢公幹官員中火宿食廩糧銀貳拾叁両心紅紙劄油燭柴炭銀壹拾柒両肆錢門皂銀肆拾両

康熙十四年裁扣銀壹百伍拾壹両肆錢陸分肆厘壹毫伍絲司備用銀捌拾両貳錢伍分壹厘壹毫伍絲同知心紅銀貳拾両知縣心紅銀貳拾両修理倉監銀貳拾両儒學喂馬草料裁半銀陸両修理府縣鄉飲祭祀新

官到任齋宿幕次器皿什物及經過公幹官員轎傘等銀柒錢壹分叁厘　季考生員試卷果餅花紅紙劄筆墨裁半府銀貳两　縣銀貳两伍錢

康熙十四年裁扣銀壹百陸两陸錢壹分捌厘叁毫伍絲　縣備用銀叁拾肆两叁錢玖分叁厘叁毫伍絲　修城民七料銀叁拾柒两柒錢貳分伍厘　修理本縣城垣銀叁拾两　季考生員試卷果餅花紅紙劄筆墨裁半府銀貳两　縣銀貳两伍錢

康熙十五年裁扣銀肆拾两叁錢柒分肆厘壹毫陸絲　紳衿優免丁銀叁拾肆两捌錢柒厘伍毫陸絲　本縣新任祭門銀壹两伍錢陸分陸厘陸毫　各院觀風考試生員試卷果餅花紅紙劄筆墨府銀肆两

康熙十六年裁扣銀壹拾兩伍錢儒學喂馬草料裁半銀陸兩

迎春裁半銀貳兩　本縣陞遷給由應朝起程復任公宴祭門祭江銀貳兩伍錢

康熙十六年裁督院撫賞銀貳千兩

康熙二十四年裁寧紹巡道經費銀壹百貳拾兩

門子銀貳拾肆兩　皂隸銀柒拾貳兩　聽事吏銀壹拾貳兩　鋪兵銀壹拾貳兩

康熙二十七年裁歲貢赴京路費銀叁拾兩

康熙二十七年裁扣銀貳百貳兩肆錢陸分壹釐捌毫科舉禮幣進士舉人牌坊銀壹百叁拾肆兩陸錢叁分捌釐柒毫　會試舉人水手銀壹拾捌兩　武舉筵宴銀柒錢玖分　貢院雇稅家伙幷募夫銀貳兩　迎宴新舉人旗匾花紅旗帳

酒禮府銀貳兩伍錢　縣銀肆兩　起送會試舉人酒席路費卷資府銀捌兩叁錢捌分肆厘肆毫　縣銀玖兩叁錢叁分叁厘肆毫　賀新進士旗區花紅酒禮府銀貳兩壹錢　縣銀貳兩壹錢壹分伍厘叁毫　起送科舉生員花紅卷資酒禮府銀肆兩肆錢　縣銀壹拾肆兩貳錢

康熙三十一年裁驛站銀陸百陸拾柒兩捌錢玖分柒厘叁絲叁忽叁微肆塵　本府各驛銀叁百陸拾伍兩貳錢伍分柒厘叁絲叁忽叁微肆塵　養膳應差夫銀壹百陸拾柒兩肆分　代馬兜夫銀壹百貳拾玖兩陸錢　雇船銀陸兩

康熙三十九年裁三江弓兵工食銀陸拾肆兩捌錢

康熙五十六年裁本府拜進

表箋綾函紙劄寫表生員工食香燭等銀貳兩柒分伍

毫

雍正三年裁憲書紙料銀貳拾貳兩玖錢柒分肆

厘伍毫

雍正六年裁扣銀叁拾壹兩貳錢本縣燈夫工食銀貳拾肆兩

蓬萊驛舘夫銀柒兩貳錢

雍正十二年裁扣民壯工食銀壹百叁拾貳兩

雍正十三年裁藩字號座船水手銀柒兩貳錢

雍正十三年裁站船稍夫工食并修船共銀陸拾叁两貳錢稍夫六名工食銀肆拾叁两貳錢　修船銀貳拾两

乾隆十二年裁扣民壯工食銀貳拾肆两

乾隆十九年裁本府諭祭銀陸两陸錢陸分陸厘陸毫柒絲

以上共地丁銀壹萬貳千玖百陸拾玖两叁錢貳分陸厘伍絲貳忽陸微叁塵貳渺壹漠肆埃捌纎

陸沙積餘米易銀叁拾两陸錢陸分柒厘肆毫貳絲肆忽捌微陸塵

留充兵餉改起運銀玖千肆百陸两伍錢捌分玖厘柒毫壹絲捌忽壹塵內

田地山銀伍千捌百壹拾柒两貳錢陸分玖厘陸毫玖絲捌忽壹塵原編銀伍千玖百捌拾两伍分捌厘貳毫柒絲捌忽壹塵除置買耤田壇基免徵銀叁錢捌厘伍毫捌絲編入存留項下致祭　闕聖帝君銀陸拾两　厲壇米折銀陸两　同知捕役工食銀肆拾捌两　儒學加俸銀肆拾捌两肆錢捌分實該前數

兵餉銀叁千伍百捌拾玖两叁錢貳分貳絲

以上共地丁銀玖千肆百陸两伍錢捌分玖厘柒毫壹絲捌忽壹塵

鹽課解歸藩司充餉

抵課水手銀貳拾伍两陸錢壹分玖厘捌毫内

三江巡司抵課銀貳拾叁两玖錢捌分滴珠銀貳錢叁分玖厘捌毫

鹽院完字號座船水手銀壹两肆錢

以上共地丁銀貳拾伍两陸錢壹分玖厘捌毫

漕運糧儲道專轄

隨漕本色

月糧給軍米壹千壹拾壹石陸斗捌勺

隨漕折色銀柒千柒百壹拾壹兩叁錢伍分陸厘叁毫玖絲陸忽壹微玖渺壹漠壹纖貳沙内

淺船料銀伍百貳拾柒兩壹錢玖分捌厘壹毫原編解船政同知支銷後該同知奉裁仍行解道

貢具銀玖拾玖兩肆錢貳分柒厘伍毫玖絲叁忽陸微捌塵捌渺伍漠原編解船政同知支銷後該同知奉裁仍行解道

月糧七分給軍銀柒千捌拾肆兩柒錢叁分柒毫貳忽肆微貳塵伍漠壹埃壹纖貳沙

以上共地丁銀柒千柒百壹拾壹兩叁錢伍分陸

厘叁毫玖絲陸忽壹微玖渺壹埃壹纖貳沙

驛站驛傳道專轄

驛站銀肆百柒拾肆兩陸錢肆分柒厘原編壹千伍百玖拾伍兩壹錢肆厘叁絲叁忽叁微肆塵　除協濟富陽縣銀肆拾捌兩貳錢　山陰縣銀壹拾陸兩伍錢陸分　蕭山縣銀壹百捌拾柒兩貳錢肆分抵解兵餉編入兵餉項下　完字號座船水手銀壹兩肆錢改編藩司項下　藩字號座船水手銀柒兩貳錢編入解司存留項下　順治十四年裁公幹官員下程油燭柴炭銀貳拾伍兩貳錢　順治十四年裁里馬銀柒拾肆兩壹錢陸分　康熙七年裁節字號座船水手銀伍兩　康熙八年裁公幹官員本縣中火宿食廩糧銀貳拾叁兩　心紅紙劄油燭柴炭銀壹拾柒兩肆錢　門皂銀肆拾兩　康熙三十一年歸地丁項下充餉本府各驛

銀叁百陸拾伍两貳錢伍分柒厘叁絲叁忽叁微肆塵　養膳應差夫銀壹百陸拾柒两肆分　代馬兠夫銀壹百貳拾玖两陸錢　船銀陸两　雍正六年裁蓬萊驛舘夫銀柒两貳錢編入裁扣項下外實該前數

本府驛站銀肆百柒拾肆两陸錢肆分柒厘 原編捌百肆拾柒两壹錢肆厘叁絲叁忽叁微肆塵　康熙三十一年歸入地丁項下充餉銀叁百陸拾伍两貳錢伍分柒厘叁絲叁忽叁微肆塵　雍正六年奉裁蓬萊驛舘夫銀柒两貳錢編入裁扣項下外實該前數各驛支銷細款註本府項下

以上共地丁銀肆百柒拾肆两陸錢肆分柒厘

存留銀貳千貳百叁拾陸两柒錢肆分捌厘叁毫

內
司存留銀壹百貳拾玖兩貳錢玖分捌厘內
布政司觧户役銀陸拾兩
戰船民六科銀陸拾玖兩貳錢玖分捌厘
以上共地丁銀壹百貳拾玖兩貳錢玖分捌厘
府縣存留銀貳千壹百柒兩肆錢伍分叁毫內
本縣拜賀
習儀香燭銀肆錢捌分
本縣致祭

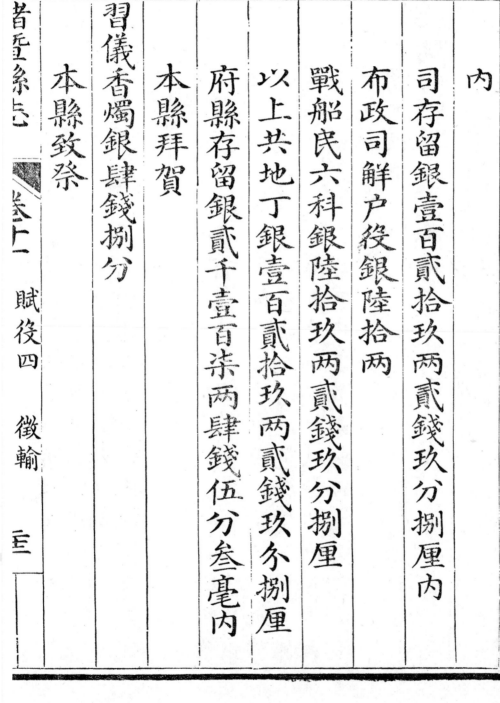

關聖帝君銀陸拾兩係動支地丁題銷冊内仍于起運項下造報

本縣致祭　厲壇米折銀陸兩係動支地丁題銷冊内仍于起運項下造報

本縣祭祀銀壹百叁拾叁兩柒錢叁毫文廟釋奠二祭共銀陸拾兩　啟聖宮祠二祭共銀壹拾貳兩　社稷山川壇二祭共銀叁拾貳兩　邑厲壇三祭共銀貳拾肆兩　鄉賢名宦祠二祭共銀伍兩柒錢叁毫　朱文公祭亦在内其餘剩銀兩每年解收司庫撥補不敷祭祀之用

文廟香燭銀壹兩陸錢

迎春芒神土牛春酒銀貳兩

同知經費銀貳百壹拾貳两俸銀捌拾两門子二名銀壹拾貳两步快八名銀肆拾捌两皂隸十二名銀柒拾貳两

同知捕役工食銀肆拾捌两捕役八名每名銀陸两係動支地丁題銷冊内仍于起運項下造報

本府儒學廩糧銀肆拾两

本縣知縣經費銀伍百陸拾玖两肆錢俸銀肆拾伍两其攤扣荒缺銀两每年解司充餉　門子二名銀壹拾貳两　皂隸壹拾陸名銀玖拾陸两　馬快八名每名工食銀陸两　陸路備馬製械水鄉打造巡船以司緝探銀壹拾两捌錢共銀壹百叁拾肆两肆錢　民壯二十四名銀壹百肆拾肆两　轎傘扇夫柒名銀肆拾貳两　禁卒八名銀肆拾捌两

庫子四名銀貳拾肆兩

斗級四名銀貳拾肆兩

縣丞經費銀柒拾陸兩 俸銀肆拾兩 門子一名銀陸兩 皂隷四名銀貳拾肆兩 馬夫一名銀陸兩

典史經費銀陸拾柒兩伍錢貳分 俸銀叁拾壹兩伍錢貳分 門子一名銀陸兩 皂隷四名銀貳拾肆兩 馬夫一名該銀陸兩

儒學經費銀壹百玖拾叁兩壹錢貳分 教諭俸銀叁拾壹兩伍錢貳分 齋夫三名每名銀壹拾貳兩共銀叁拾陸兩 廩糧銀陸拾肆兩 廩生膳銀肆拾兩 門子三名每名銀柒兩貳錢共銀貳拾壹兩陸錢

儒學加俸銀肆拾捌兩肆錢捌分 係動支地丁題銷冊内仍于

起運項下造報

鄉飲酒禮二次銀捌兩

歲貢生員路費旗匾花紅酒禮府銀柒錢伍分

縣銀叁兩以上府縣歲貢銀兩每年解司充餉其應支銀兩在于地丁項下撥給

看守公署門子工食銀玖兩布按二分司二名府舘一名每名銀叁兩

本縣巡鹽應捕工食銀伍拾柒兩陸錢鹽捕八名每名銀柒兩貳錢

衝要八舖司兵工食銀貳百捌拾捌兩縣前舖十里舖

張駃嶺鋪　新店灣鋪　櫟橋鋪　楓橋鋪
乾溪鋪　古博嶺鋪各五名每名銀柒兩貳錢

偏僻五鋪司兵工食銀柒拾捌兩楓木鋪　鯉魚橋鋪　寒熱畈鋪　李家橋鋪各三名每名銀伍兩　羅嶺鋪三名每名銀陸兩

各渡渡夫工食銀壹拾兩茅渚渡　五鋪渡各二名　黃家渡　街亭渡　湖頭渡　華家渡　宣家渡　潽家渡各一名每名銀壹兩

修理學宮明倫堂山川社稷壇所并楓橋宣何長瀾公館管等處共銀壹拾肆兩貳錢

孤貧四十三名布花木柴銀貳拾伍兩捌錢每名年給銀陸錢

孤貧四十三名口糧銀壹百伍拾肆兩捌錢本色原編

米壹百伍拾肆石捌斗 順治十四年改米徵銀

充餉每米一石徵銀壹兩 康熈三年復給孤貧

實該前額每名歲支銀叁兩陸錢 以上

孤貧柴布口糧小建銀兩每年解司充餉

以上共地丁銀壹千捌百捌拾肆兩貳錢伍分貳

厘貳絲孤貧口糧米易銀壹百伍拾肆兩捌錢不

入田畝外賦銀陸拾捌兩叁錢玖分捌厘貳毫捌

絲

存留本色米肆千伍百伍石叁斗捌升陸合肆勺

叁抄肆撮玖圭玖粟柒粒伍黍内

南米肆千肆百貳拾柒石叁斗叁升肆合壹勺陸抄貳撮原編米肆千肆百貳拾柒石叁斗陸升捌合捌勺伍撮除置買耤田免徵米叁升肆合陸勺肆抄叁撮實該前數

康熙六年丈量陞科米貳拾叁石伍斗伍升貳合陸勺壹抄肆撮陸圭伍粟

康熙十六年新墾米叁石捌斗肆升伍合壹勺貳抄捌圭伍粟

康熙二十六年新墾米壹石肆斗柒升柒合貳勺貳撮柒圭伍粟

康熙三十一年新墾米壹石貳斗叁升柒合伍勺伍抄

康熙三十二年新墾米壹斗壹升肆合伍抄叁撮叁圭伍粟

康熙三十三年新墾米壹斗伍合柒勺壹抄壹撮壹圭伍粟

康熙三十四年新墾米捌升叁合伍勺叁抄捌撮陸圭

康熙三十五年新墾米玖升陸合壹勺玖抄貳撮

叁圭伍粟
康熙三十七年新墾米貳合叁勺捌抄伍撮
康熙四十一年新墾米捌斗肆升玖合捌勺伍抄
貳撮叁圭伍粟
康熙四十二年新墾米叁斗柒升捌合叁勺貳抄
壹撮玖圭伍粟
康熙四十九年新墾米玖斗陸升叁合伍勺玖抄
叁圭伍粟
康熙五十二年新墾米捌斗伍升叁合肆勺肆抄

肆圭伍粟

雍正二年新墾米壹石柒斗捌升伍合玖抄叁圭伍粟

雍正十一年新墾米壹石玖斗柒升捌合捌勺叁抄壹撮肆圭柒粟玖粒

乾隆元年新墾米壹斗捌升叁合貳勺貳抄玖撮柒圭壹粟捌粒伍黍

乾隆二十九年新墾米壹石玖斗柒升叁合捌勺玖抄貳撮貳圭伍粟

乾隆二十九年加陞米貳石伍斗柒升壹合陸勺
伍抄伍撮肆圭
縣重因口糧米叁拾陸石
地丁加閏銀肆百陸拾貳兩玖錢貳厘柒毫壹絲
叁忽伍微捌塵叁渺捌漠伍埃陸纖捌沙又驛站
新加銀陸拾壹兩陸錢伍分共銀伍百貳拾肆兩
伍錢伍分貳厘柒毫壹絲叁忽伍微捌塵叁渺捌
漠伍埃陸纖捌沙
外賦不入地丁科徵加閏銀壹拾兩叁錢肆厘貳

毫玖絲陸忽本縣課鈔門攤鋪户出辦銀叁錢貳分叁毫壹絲陸忽歸經費用 稅課局課鈔市鎮鋪行出辦銀玖兩玖錢捌分叁厘玖毫捌絲歸經費用

通共額徵加閏銀伍百叁拾肆兩捌錢伍分柒厘玖忽伍微捌塵叁渺捌漠伍埃陸纖捌沙

地丁加閏米壹百石

起運折色加閏銀叁百捌拾柒兩柒錢伍分伍厘叁毫捌絲捌忽貳微伍塵叁渺捌漠伍埃陸纖捌沙内

户部折色銀壹拾兩叁錢伍分貳厘壹絲貳忽伍

徵柒塵壹渺肆漠路費銀壹錢肆厘貳毫貳絲肆忽壹微伍塵捌漠伍埃陸纖捌

沙

工部折色銀貳拾捌两玖錢柒分捌厘壹毫肆絲陸忽叁塵壹渺陸漠路費銀叁厘捌毫壹絲叁忽

順治九年舊編裁剩解部巡司弓兵銀壹两捌錢

順治九年裁扣銀貳拾貳两壹錢同知吏書門子步快銀肆两陸錢本縣知縣吏書門子皂隷馬快民壯燈夫禁卒轎傘扇夫倉書庫書庫子斗級銀壹拾陸两壹錢縣丞書門皂馬銀柒錢典史書門皂馬銀柒錢

順治十四年裁扣銀陸兩肆錢叁分叁厘叁毫叁絲伍忽分守寧紹台道門子皂隸聽事吏舖兵銀各貳兩　三江巡司弓兵銀叁兩陸錢

渡渡夫銀捌錢叁分叁厘叁毫叁絲伍忽

順治十四年裁膳夫銀叁兩叁錢叁分叁厘叁毫

順治十四年裁里馬銀陸兩壹錢捌分

順治十六年裁閏月俸銀貳拾陸兩肆厘伍毫伍絲分巡寧紹道俸銀肆兩叁錢柒分肆厘玖毫伍絲　同知俸銀陸兩陸錢陸分陸厘陸毫　知縣俸銀叁兩柒錢肆分玖厘玖毫　縣丞俸銀叁兩叁錢叁分叁厘叁毫　典史俸銀貳兩陸錢貳分陸厘陸毫　教諭俸銀貳兩陸錢貳分陸厘陸毫　訓導俸銀貳兩陸錢貳分陸厘陸毫

康熙元年裁吏書工食銀壹拾兩同知吏書銀叁兩　本縣知縣吏書銀陸兩　縣丞書辦銀伍錢　典史書辦銀伍錢

康熙二年裁倉庫學書工食銀壹兩陸錢本縣倉書銀伍錢　庫書銀伍錢　學書銀陸錢

康熙三年裁教職經費訓導門子銀壹兩貳錢

康熙三年裁齋夫銀叁兩

康熙七年裁按院節字號座船水手銀肆錢壹分陸厘陸毫柒絲

康熙二十四年裁寧紹巡道經費銀壹拾兩門子銀貳

两　皂隸銀陸两　聽事
吏銀壹两　舖兵銀壹两

康熙三十一年裁驛站銀伍拾两伍錢貳分本府各驛

新加銀貳拾伍两捌錢　養膳應差夫銀壹拾
叁两玖錢貳分　代馬兜夫銀壹拾两捌錢

康熙三十九年裁三江弓兵工食銀伍两肆錢

雍正三年裁憲書紙料銀叁錢叁分伍厘玖毫

雍正六年裁扣銀貳两陸錢本縣燈夫銀貳两遂萊驛館夫銀陸錢

雍正十二年裁扣民壯工食銀壹拾壹两

雍正十三年裁藩字號座船水手銀陸錢

雍正十三年裁站船稍夫工食并修船銀叁两陸

錢

乾隆十二年裁扣民壯工食銀貳兩

兵餉銀壹百捌拾兩壹錢玖分叁厘肆毫叁絲柒忽伍微原編銀壹百捌拾肆兩壹錢玖分叁厘肆毫叁絲柒忽伍微編入存留項下同知捕役工食銀肆兩實該前數

以上共地丁銀叁百捌拾柒兩柒錢伍分伍厘叁毫捌絲捌忽貳微伍塵叁渺捌漠伍埃陸纖捌沙

鹽課加閏解歸藩司充餉

抵課水手銀貳兩壹錢叁分肆厘玖毫捌絲陸忽

叁微叁塵内

鹽院完字號座船水手銀壹錢壹分陸厘陸毫柒絲

三江巡司抵課銀壹两玖錢玖分捌厘叁毫叁絲叁忽滴珠銀壹分玖厘玖毫捌絲叁忽叁微叁塵

以上共地丁銀貳两壹錢叁分肆厘玖毫捌絲陸忽叁微叁塵

漕運加閏糧儲道專轄

隨漕本色月糧給軍米壹百石

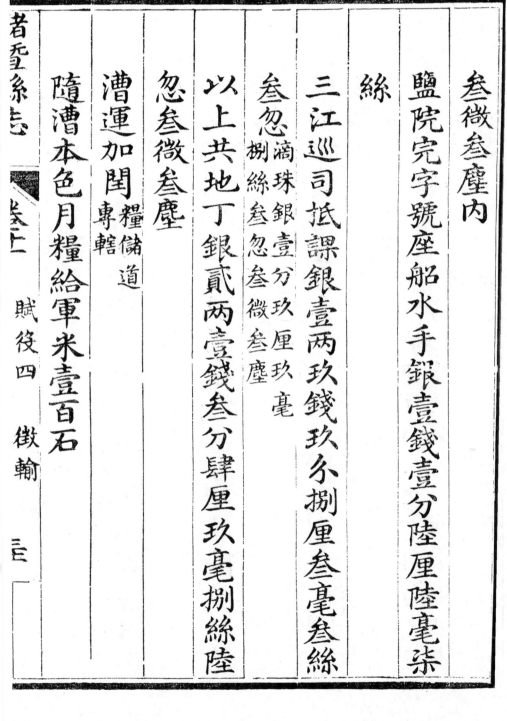

驛站加閏驛傳道專轄

本府各驛銀叁拾伍兩貳錢伍分係驛站新加地丁編徵各驛支銷細款註本府下

存留加閏銀壹百玖兩柒錢壹分陸厘陸毫叁絲伍忽内

同知經費銀壹拾壹兩門子二名銀壹兩八名銀肆兩皂隸十二步快名銀陸兩

同知捕役工食銀肆兩捕役八名每名銀伍錢係動支地丁題銷冊内仍于起運項下造報

本縣知縣經費銀肆拾叁两柒錢門子二名共銀壹两皁隸一十六名共銀捌两馬快八名每名工食銀伍錢陸路備馬製械水鄉打造巡船以司緝探銀玖錢共銀壹拾壹两貳錢民壯二十四名銀壹拾貳两禁卒八名銀肆两轎傘扇夫七名銀叁两伍錢庫子四名銀貳两斗級四名銀貳两

縣丞經費銀叁两門子一名銀伍錢皁隸四名銀貳两馬夫一名銀伍錢

典史經費銀叁两門子一名銀伍錢皁隸四名銀貳两馬夫一名銀伍錢

儒學經費銀捌两壹錢叁分叁厘叁毫齋夫三名每名銀壹两共銀叁两廩生膳銀叁两叁錢叁分叁厘叁毫門子三名每名銀陸錢共銀壹两捌錢

看守公署門子工食銀柒錢伍分布按二分司二名府館一名

每名銀貳
錢伍分
本縣巡鹽應捕工食銀肆兩捌錢鹽捕八名每名銀陸錢
衝要八鋪司兵工食銀貳拾肆兩縣前鋪　十里鋪　張馱嶺鋪
新店灣鋪　櫟橋鋪　楓橋鋪　乾溪鋪　古博嶺鋪各五名每名銀陸錢
偏僻五鋪司兵工食銀陸兩伍錢楓木鋪　鯉魚橋鋪　寒熱畈鋪　李家橋鋪各三名每名銀肆錢壹分陸厘陸毫陸絲陸忽　羅嶺鋪三名每名銀伍錢
各渡渡夫工食銀捌錢叁分叁厘叁毫叁絲伍忽
茅渚渡　五鋪渡各二名　黃家渡　街亭渡　湖頭渡　華家渡　宣家渡　潘家渡各一名每名銀捌分叁厘叁毫叁絲叁忽伍微

以上共地丁銀玖拾玖兩肆錢壹分貳厘叁毫叁絲玖忽不入田畝外賦銀壹拾兩叁錢肆厘貳毫玖絲陸忽

外賦

學租銀捌兩肆錢柒分叁厘陸毫肆絲每年照數徵輸解司轉解學院賑給貧生膏火之用

當稅銀壹百伍拾兩當鋪三十名每名徵銀伍兩共該前數另款解司充餉仍于每年春季查明增除造冊報　部輸稅

牙稅銀貳拾捌兩陸錢上則牙户一十五名每名徵銀捌錢該銀壹拾貳兩

中則牙户二十一名每名徵銀陸錢該銀壹拾貳
兩陸錢　下則牙户一十名每名徵銀肆錢該銀
肆兩共該前數
另款解司充餉

契稅每買產銀壹兩
徵稅銀叁分
牛稅每兩徵稅銀叁分以上契稅牛稅二款歲無
定額每年儘收儘解造報　題銷另款解司
充
餉　賦役全書止此

謹按賦役全書係乾隆二十九年纂輯土田陞豁
款項加減均已備載惟內有原定本色奉改折色
原存留作何項公用奉裁改解何衙門充餉之類
全書未經載明詳開於左

一全書丁口共徵銀二千二百七十一兩九錢五
分六厘米二百一十七石三斗八合每年加入土
田應徵銀米每兩每石攤徵
一全書漕運項下隨漕本色月糧給軍米一千一

十一石六斗八勺遇閏加閏米一百石每年每石改徵折銀一兩二錢解 粮儲道衙門

一全書存留本色南陞等米四千五百五石三斗八升六合四勺三抄四撮九圭九粟七粒五黍每年每石改徵折價正銀一兩五錢耗銀一錢其

題奉改折案由另敘于後

一全書存留鄉飲酒禮二次銀八兩每年解 司撥餉

一全書存留陸路偹馬製械水鄉打造巡舡以司緝探銀八十六兩四錢每年解 司撥給役工

一全書存留看守公署門子工食銀九兩每年撥給禁卒不敷工食

一全書當稅銀一百五十兩計當鋪三十家現今續增十七家共計當稅銀二百三十五兩

南米改折色案由諸暨南米從前原定徵收本色每年除派撥紹協營兵米之外餘解省倉以為滿漢

官兵及織造匠役月粮之需緣諸暨向来不産團米又處山僻不通舟楫難解本色康熙雍正年間每年開徵時里老人等於城隍廟内集議價值私折銀兩官差丁役赴省購米交倉於雍正五年

督憲李　因杭城市價長落不齊恐啟加派多收累民之弊議飭每石定價銀一兩三錢外加耗銀一錢科算折徵歸入地丁之内統徵分解每於秋收之後　藩司詳請委員採辦備放兵粮又緣外辦與　部檔不符經　藩憲張

奏准據實造報嗣因原定折收正耗與乾隆十一二至
十五六年米價相懸過多不敷採辦經　撫憲永
於乾隆十六年請照乾隆十五年時價酌中
定額除耗銀仍按原徵收納外其正價每石增銀
二錢共徵正耗一兩六錢觧司委辦價昂兼買仙
米搭放因自十六年以後各年米價有增無減委
辦賠累又難再議加價於乾隆二十四年　撫憲
莊
題准徵收本地尖米嗣於乾隆二十八年漢軍出旗為

民額米有餘 撫憲熊

奏定於乾隆二十九年為始仍照乾隆二十四年以前舊例改徵折價正耗銀一兩六錢併入地丁統徵分解所有南米内奉派撥給紹協營兵米一款應仍遵例徵本放給緣此米為數無多科徵維艱

知縣事黄 詳請隨同省米改折價銀未奉允

准又蒙 藩憲索 詳請將省米亦照兵糧徵收本色兵米以本給放省米於青黄不接之時糶價解司檄飭到縣隨有粮户樓安國等以懇復折

徵等事上籲　撫憲熊　批司議覆　藩憲索
詳覆省米依舊折徵兵米石斗大户徵收本
色升合小户聽輸折價諸暨粮户升合居多並無
石斗大户又於乾隆三十三年　署知縣事陳
詳請統隨省米一條編徵折價買米給放纂入
科則徵收如不敷買官為賠補奉　藩憲劉
府憲明　轉詳　督憲崔　撫憲永　批
准立案自此改折以後諸暨錢粮銀米一條統徵
科則由單一律頒發無復有徵收本色之名萬民

稱便

利不什不變法害不什不易制

國朝稅斂之薄從古未有立法之善從古未有亦復何

所更張於其間哉第使寓撫字於催科而無使中

飽於吏胥之手是即後之善司民牧者　沈椿齡識

學校

縣各有學志多從同然必不同而志之則人自為學也曾南豐記宜黃以為大要務使人人學其性皆以進之於中第使肄業及之而獨得其精意之所在亦即有不同於奉行故事之為學者爾雅云丁丁嚶嚶宜切直也允有關於學者不嫌摭拾而陳之庶幾覩揞知歸未必非性與中之一助云志

學校

營建

隆慶駱志城中地位惟學得其正石山蹲其後湖水環其前

嘉泰會稽志唐初在縣西天寶中令郭密之遷於長山下唐末學廢惟孔子廟存晉天福庚子縣令趙諟移於縣東一里宋景祐四年尉劉述重建慶歷四年知縣寇仲溫因增拓之

萬歷紹興府志淳熙六年知縣李文鑄以有水患乃遷於縣西百步即今址提刑王厚之又以繒錢易民

居廣之跨湖築堤作橋達於官道

〔舊志〕元成宗元貞間知州馮翼建有師善堂先賢祠朱文公祠居仁由義達道進德育英養蒙六齋東廡有文成祠元末燬於兵明洪武初知縣田賦重建尋圮永樂中縣丞朱庸教諭羅伯初以民間房舍舊材修葺尋圮

〔嘉靖浙江通志〕成化四年知縣曹銓修〔大學士淳安商輅學記〕諸暨縣學在縣治西宋淳熙間由縣東遷建於此元季燬於兵入國朝洪武間重建至是百年矣歲久傾圮天順甲辰進士淄城曹銓秉衡來宰是邑屬意新之適學憲劉君釪修學儆至克符此心於是

鳩工鈫材卜日就事首大成殿次兩廡戟門次明倫堂左右二齋悉徹其舊而新之初生徒號舍迫兩廡後甚隘乃闢而廣之各構樓數十間藏修有所游息有地以至庖庫庖湢靡不有次學前舊惟直道自西南經北橫達於東茲復築堤改道東西半坏於前經始於成化丁亥五月明年九月畢工教諭貴溪周祜訓導吉水李永廬陵李謙合庠生鄞祥蔡蒹葦介貢士駱章以請是為記

五年建尊經閣

永新劉定之記　滿城胥銓秉衡蒞暨乃於明倫堂北為屋其制下上兩重庋書於上以遠濕潤水土之氣中左右三間上之中間揭榜於畏聖人之言成以成化戊子之春正月

舊志宏治癸亥知縣潘珎重建

上虞潘府學記　宏治癸亥婺源潘君珎字玉卿以進士試令諸暨注意教化謁廟之初視其傾圮志圖重建越明年乃總括羨餘之賦庀材鳩工而從事焉又明年乙丑而廟遂成典暨庠教者以員外郎馮君珏鄉進士陳君元魁所書事狀命

其生陳文卿、陳堂、陸瑄以請，遂書之。

浙江通志嘉靖壬寅知縣徐履祥重修學記　餘姚錢德洪

姑蘇徐君子旋以進士宰暨，至則憫夫民俗之弗協也，人文之弗振也，夙夜憂思，乃喟然嘆曰：吾欲政先風化，舍士誰與哉？維時廟學圮壞，顧歲弗登，役未易興也，乃先緝紫山精舍，請於學政文谷孔公，掄秀茂廩食之，循其舊學，誘以徵旨，而屬訓導侯崇學、陳頡日夕礲礪之，士乃翕然以興。明年歲復大祲，君夙夜憂思，又喟然嘆曰：吾欲修起黌舍，而民病若茲。吾聞歲飢役民，可佐元元之急，吾將乘之事事矣。乃盡捐歲俸，募飢者赴役。於是懸賞一呼，餓夫蟻集，邑之向義者又皆朋來偕役。君乃屬丞李之茂及典史陳儀董率之。於是修廟庭，修兩廡齋堂廨舍，修六經閣，徹其壅閼，復閣後射圃之沒於民者，榜其門曰觀德。從學門於櫺星門左，中闢甬道，建啟聖、鄉賢、名宦諸祠於甬道左，新敬一亭於諸祠前亭後疏為方沼周以曲闌規芹湖千尺以為泮壁左平鑿蝕為岸右絶窪水為堤環植嘉木石欄亘之復城北過以數百丈導芹湖之水入於浣始于嘉靖乙巳三月朏用土木之工凡若干飢者奮於得食義者喜於奏功不匝月而工遂訖於是規制中程丹雘增煥而廟學大治矣初暨士以比歲科薦不與昔等乃病廟學規制不法議欲遷之君為相地卜新弗食故則食至是用卜底於成績士皆快覩翕然頌曰何侯之能拓故為新若斯耶侯于造士之心庶其慰矣予曰二三子思有以慰侯乎哉其蚤夜自奮庶幾有三代之英者應期而出以為世用是足以慰侯矣皆再拜曰敢弗祗若茲訓侯乃大會師生賓募名衰役者脯而落之遺受募之民使歸就麥觀射于後圃張組于前楹登閣以延山臨湖以瞰流環堤檣而觀者數千人乃大和會是日丁未行釋菜禮告厥成功

謹按隆慶初知縣梁子琦復修之亦錢德洪為之記畧曰予昔講學紫山書院為諸生論求放心之

旨於是諸生皆知求其心而不敢放隆慶丁卯石渠梁君以進士出宰暨其為政以開悟人心為本潔身淥德貞志立教未朞月而政平民熙日進諸生于館下語之以心學之微于是學諭王子汝振偕其僚廖子致道畢子諸相與共發此意諸生渢渢然知所宗向君乃大恢廟學規制以居師生當道薦最應選北上三師遺書于洪曰梁侯修學規制之美不勝紀矣而其功莫大於啟悟人心遘謀遷學於郭外相度新宫風氣不聚且師生不可以野處遂一意葺舊而興謀以息亦其開悟人心之一端也願為記之予昔嘗與徐子作學記乃序經始之詳而未乃論學今石渠若將有啟予者乃為始序論學之端而畧其制使諸生知侯之修學非為觀美將以求得心也

〔浙江通志〕萬歷間廟堂廊廡祠舍盡圮甲午知縣尹從淋再建〔邑人駱問禮記〕萬歷甲午春仲月邑大夫尹公蒞任夏修儒學秋末落成始先

師廟次兩廡次戟門次名宦鄉賢二祠而遷於戟門之左右展土地祠於名宦祠之左次啟聖祠亦東徙之增櫺星門所未備次遂至明倫堂及庫閣諸所莫不偉然煥然瞻仰則無愧于聖賢臨蒞則無愧于冠盖師弟子莫不欣欣樂其得所而環望於橋門者識不識嘆規度之一新也公諱從淑別號又方四川宜賓人起家進士歷保山宜春二邑以理繁鼎借學師梁君邦佐劉君時中龍君奮河邑二則章君世肇華君一孝尉則魯君洲皆於興作有勞事將竣適署教諭事鄧君謐至同二學師索記於山中因

叙其實如此

浙江通志萬歷四十四年太學生樓成櫃重建章志

成櫃獨任其工捐貲數千緡廟貌迄今如故

謹按今學宮地多係楓溪樓成櫃

買民產出捐文契積篋存其家

國朝

章志康熙十三年山寇竊發殿宇毀壞二十五年教
諭嚴魯榮訓導張暉同生員蔡廣生勸募重建所建
先師殿啟聖祠及兩廡戟門欞星門名宦祠鄉賢
祠土地祠明倫堂尊經閣庫房膳堂費千餘金三
載落成〔郡守李鐸記〕縣治之西學宮設爲我
皇上
御極之十有三年逆藩蠢動閩寇繹騷沿流及暨
邑之士女流離奔竄絃誦之地鞠爲茂草邇者
聖天子雅意右文躬親釋奠
御書萬世師表扁額頒行直省郡縣學宮皆燦然改觀
予本遼左世籍先大夫總制四省敭歷中外政治
覃敷每盱衡兩浙風土人文輒神往於會稽秦望
間今已已首秋奉
命典領郡事下車之始適教諭嚴魯榮以學宮工程難
幾爲請已而有生員蔡廣生者慷慨仗義不惜已

資捐金千餘率作勤事而學宮適于是冬告竣予臨暨登其堂雍然彬雅也瞻其殿巍然峩然竦也歷其櫺戟陛廡砥平而飛革也廟貌之壯猗與休哉紳衿集聚咸嘖嘖蔡生之功邑宰教諭實紀其績申鳴學憲容湖周公額其廬曰功存黌序爰臚其始末而為之記時在康熙辛未仲冬之吉

學宮冊 雍正七年殿宇朽壞知縣張長庠修蔡廣生孫希賢復與董其事

知縣張長庠記 於越山川甲天下千巖競秀萬壑爭流在暨則漁樵橫江白楊插漢五洩爭奇于鴈蕩九乘並麗乎天台其間名人輩出慷慨好義者代有其人戊申冬予忝膺簡命承乏於斯謁 文廟見棟宇將朽飛翼將頹即延集紳士捐俸倡率而蔡生希賢慨然為紳士先捐金六百購木僦石紳士亦欣然樂從于是擇良辰鳩工庀材蔡生獨殫其勞夙興夜寐經營督理不數月而殿貌巍峩墻垣焜燿予聞暨邑學宮自康

熙十三年兵燹之後頹廢不堪蔡生嫡祖生員蔡廣生於康熙二十五年重建大成殿及兩廡戟門泮池鄉賢名宦等處費千餘金而規模煥然一新迄今四十餘年裔孫重新之可謂繩其祖武者矣予因喜而為之記

學宮冊　乾隆五年尊經閣圮署知縣事沈朱霞同職監陳紹聖等捐募重建

沈朱霞記　已未夏攝篆暨土首謁文廟不逾旬會

聖天子頒發十三經二十一史分貯各學同寅友率諸生迎送釁序瞻顧斯閣闕焉未備閣在明倫堂後為司訓署歲久傾圮不堪敬儲踧焉念之因商諸紳士且進髙貲者勸之有職監陳紹聖幹進慕義慨然懇新并糾生監鄺穎燧陳種義郭開勳金其灝等為董事刻日鳩工凡木石材料水運陸馳不耗不浮構堂五間重簷疎欞棟增二尋高三十餘尺于是圮者豎傾者葺樸者文黝堊而丹雘之尊

經之閣淵淵乎其邃如矣始已未之季冬閱庚申夏落成

陳紹聖係敬基高祖

學宮冊乾隆二十四年廟廡各祠俱傾衙齋盡圮知縣張端木舉邑紳一十二人董捐重建一十二人詳載碑記文廟高四丈五尺深廣如制重簷飛棟蓋以筒瓦舊有迴廊柱以木為之易朽盡易以石丹墀階級甬道悉鋪石板東西兩廡祭器房樂器房各三間先賢祠十間齋宿房四間直前戟門三間階砌石級泮池築石橋周以石欄餘地徧鋪石板戟門東名宦祠三間官廳三間戟門西鄉賢祠三間忠孝祠三間泮池外欞星門三座街道鋪石板沿湖界以石欄改建崇聖宮於明倫堂左六間建土地祠於黌墻右六間建忠聖祠三間省牲所三間在忠孝祠西造教諭署計一十九間在明倫堂東訓導署計一十五間在明倫堂西凡內外殿堂室宇門楹悉加丹雘統計費五千二百餘金董事一十

二人倡捐共二千金（知縣張端木碑記）諸暨疆域綫二百里而縣治適居疆域之中學宮又居縣治之中陰陽家俱言學宮據形勢之勝長山繚繞其右浣水蜿蜒其左山峻水駛其士子多濶達而尚義慷慨而矜名固其天性然也丙子冬余自婺邑調任諸暨始至奠謁　文廟廊廡傾頹蓬蒿蔽徑惄焉憂之未幾學博陳公球至棲息無所告予曰是曷可不修予曰固宜亟修然修之難其資尤難其襄事之人遲回久之乃與陳公謀于紳士中擇十有二人再四延請群集署舍亟籌興復余爲請於中丞御史臺得報可邑士大夫聞風者捐施雲集江右大方伯湯公馳寄三百金促成其事爰鳩工庀材筮日興作易大成殿柱以石移啟聖祠于殿後重建兩學署於明倫堂左右鄉賢名宦等祠悉撤而新之棟宇榱桷之壯刻鏤丹雘之麗視舊加倍蓰焉于是從堂視庭從庭視門言言翼翼金碧炫燿其間量度位置之方工匠營役之數皆董理諸君目營而口授之者也創始於己卯八月既

而陳公以憂去張公松王公榮綋同時秉鐸督率益勤閱二年餘而落成是舉也非賢士大夫慷慨捐施則成之無其資非董理諸君晨夕指畫則成之無其人今余不費纖毫力而坐觀厥成欣幸何如紳士十二人者章廷標趙崇禮郭炤郭文偉程位袁翼張長祚酈欣袁南齡袁浚酈毓珣趙全智記其事者邑令張端木也乾隆辛巳冬月記先是捐金四百具呈倡義者為袁麟徵物故子浚繼之

在茲閣〈章志〉在北門城内三湖之水皆由此洩萬歷甲辰知縣劉光復建閣鎮之額曰在茲〈劉光復記甲辰〉冬鍾生律請曰城北虛單某自備五十金鬮族與近居者僉議就可共得百數十金願起閣湖中鎮通邑之水口標泮宮之文峯予謂費不煩民功足利衆可聽也鍾生與族人鍾能七十三等俱捐貲如約擇二三能幹董其役予貿官地及學湖之被侵者輸錢佐之迄乙巳春季而工竣閣廣三丈餘

基高丈許層而上之及巔約餘六丈不施丹堊繪藻之餙列書格言以供頤謖煥乎炳心目矣鍾生律張生思信五言趙生世臣陳生泰階共議祀文昌神於閣上世言文昌帝君事不經見竊意文者天之精英即所謂維天之命於穆不已者是也故曰於乎不顯文王之德之純孔子曰文王既沒文不在兹乎暨人會在兹之意則斯閣有不記之記

〔重建册〕康熙五十三年水决北城閣盡圮乾隆十六年邑紳公請於官捐董重建閣更三層而上高六丈四尺董事者酈其浩陳志聰酈士錦等

文明閣〔隆慶駱志〕在浣江東北離縣里許為層者五為面者六下甃以石洞上豎以鐵木吊牕玲瓏

鈴閣十里閣南爲祠像文昌星於後楹前廳三間門房三間側房東西各三間沿江磊石築隄障水計若干丈

知縣尹從淑建〔邑人陳性學記〕吾暨在浙東稱巖邑浣水經左長江峙右而堪輿家以西南白洋峯孤聳東北水口空虛龍伏虎昂不利於諸弟子萬歷乙酉方壺謝侯卜地于金雞之巔東江之隩建二浮屠庶幾艮位峯高與白洋峯東西拱映功甫畢而旋圮歲癸亥又方尹侯以甲英三試花封而蒞吾邑博士弟子以術者之言請侯曰余宰邑邑之士欝而弗宣於宰謂何藉令術者之言信培植地靈不可後圖因卜基於下坊門税課司遺址以此地濱江足當下流搤塞也侯以請于當道皆報可下令鳩工通邑之民聞義而樂助者如市掄薦實耆老十數輩董其役徵夫起徒興木輦石荷鍤負畚辨方位程度式歛縣丹餙陶甓赴工之民紛如子來已未歲冬閣成凡五重重

若干楹基崇若干尺迤南數武建文昌祠一區房旁列前後各若干間是役也不煩民力不病官帑捐鏹者士民率作者侯嘉勸者者岳臺郡守二大夫也會余奉簡命觀察七閩道經故里快覩其成而博士弟子徵文記之余安敢辭余惟堪輿說似怪迂而趨吉避凶者可信故洩者補之豐者損之斗魁戴匡六星曰文昌宮魁下兩兩相比者曰三台經生學士多宗之茲閣之建峩峩翼翼使峯孫者對峙水去者迴瀾風氣愈完金湯永奠胥吾民而納之春臺之域何有哉省臺吳公巡縣適茲閣之成顏曰擎天砥柱意亦遠矣侯諱從淑字道傳丙戌進士首事生員邵志尹陳經酈汝器石著張思信石蘭郭日麗郭四聰郭四寀董事耆民石沛嚴升四酈秉廿六陳瀛十五袁憲百廿三郭升六十六袁拱百五十二袁拱百六十九袁忠六十趙生三十五張悅三十七郭南一石太廿七周敬百四十四陳義二袁忠百十一袁忠百七十陳義廿一趙震三十六嚴賢廿四徐大經

金雞山塔　章志苧蘿山渡江而東

白水河塔　章志北城外一里許萬歷乙酉知縣謝與思剏始崇禎庚午知縣王章落成之以振起艮方之勢與白洋金雞諸峯相環聳

謹按在茲閣文明閣及金雞山白水河二塔意在振興文風故以附入學校

祭器

登一個錫　鉶二十四個錫

雲雷罇一個錫　壺罇五個并杓

酒罇一個磁器　盃一百二十三隻磁器

籩八十四個錫　豆八十四個錫

簠一十六個銅　簋一十六個銅

爵三十四隻銅　牲俎三架

牲盤二十二個　祝文版二座

帛盞八個木　花瓶一個磁器

香爐一十二個錫　燭臺一十二對錫

五事一副

樂器

琴四張并桌　瑟四張并架

簫四枚并掛鬚

笛四枚并掛鬚

鳳簫二掛

笙四攢并掛鬚

篪二枚并掛鬚

塤二個并匣

柷一座并木椎

敔一座并竹箒紅座

鐘一十六口并架掛鬚木椎

石磬一十六塊并架掛鬚木椎

搏拊二面并架

穿心大楹鼓一面并鼓架鼓衣掛鬚

干二面

節二枚并硃竿紅架

舞扦并金龍首雉尾籥二十四副

絳綾金龍麾旛一首硃竿紅架

經籍

一舊頒

上諭三道一道白紙兩道黄紙

容旨上諭謄黄一道

學政全書二本

欽定訓飭州縣規條一本

一雍正十三年奉頒

上諭二部計六十七本

一乾隆四年領存十三經廿一史共五十套内

易經書經共一套計十本

毛詩二套每套十本

禮記二套每套十本

儀禮一套計十二本

周禮一套計十二本

左傳二套每套十本

公羊傳一套計八本

穀梁傳同論語一套計八本

孟子爾雅孝經一套計十本

史記二套每套八本

前漢史三套每套十本
後漢史二套每套十本
三國史一套計十本
晉史三套每套十本
宋史二套每套十本
南齊史一套計十本
北齊史一套計八本
梁史陳史共一套計十六本
魏史二套每套十二本

周史一套　計六本

隋史一套　計十六本

南史二套　每套十本

北史三套　每套八本

唐史四套　每套十本

五代史一套　計十本

宏簡錄八套　每套十本

一乾隆五年奉頒

御纂周易折中二部　每部十二本

尚書傳説彙纂二部每部十六本
詩經傳説彙纂二部每部二十四本
春秋傳説彙纂二部每部二十四本
性理精義二部每部五本
朱子全書八部七部三十二本一部二十四本
一乾隆五年查出舊頒
聖諭廣訓一部計一本
一乾隆五年續頒
大清律集解一部計十二本

大清律會典儀註一部

吏部處分則例一部　計二十一本

一乾隆八年奉頒

欽定明史一部　計一百十二本

一乾隆九年奉頒

大清律例一部　計二十本

盛京賦一本

一乾隆十年奉頒

孝經衍義二百三十七本

一乾隆十一年奉頒
御纂通鑑綱目二部
學政全書二部
經畧儀注一本
一乾隆十九年奉頒
御撰資治通鑑綱目三編一部計四本
一乾隆二十二年奉頒
續增學政全書二部計四本
一乾隆二十四年奉頒

御製平定準噶爾碑文一道

欽定儀禮義疏四十八卷 計四十本

禮記義疏八十二卷 計四十八本

周官義疏四十八卷 計三十二本

一乾隆二十五年奉頒

新纂中樞政考八音則列二部 計二十本

一乾隆二十六年奉頒

樂善堂全集一部 計十八本

一乾隆三十年奉頒平定回部

御製碑文一道

周易述義一部計四本

詩義折中一部計八本

春秋真解一部計八本

一乾隆三十二年奉頒

御製詩文集一部計五十四本

學田

一學田九十三畝五分一釐四毫山百畝解邑給貧載紹

興府志

一學田坐附二都調陽騰字等號一十八畝零康熙中生員蔡廣生捐資契買充學宫牆垣補葺之費載交代冊糧存西隅二圖八甲蔡仁户

一趙姓捐田坐三十一三十二都浮圖獸畫丙舍傍啟甲帳對楹筵等號一百八十九畝零子午卯酉年分給文武諸生鄉試路費

一郭姓捐田坐落七十二都矜帶修等號一百畝子午卯酉年分給文武諸生鄉試路費

學湖詳城池及山川

國朝

教諭方杰碑竊惟天地之大德曰生帝王之大寶曰慈泳飛一性動植並靈況賜生必畜釣而不綱見其生不忍見其死皆吾孔孟家法儒者業司民物之命而澤不閼仁不靄大非民胞物與意也唐顏魯公隨所守郡立放生池以祝君上之壽在碑誌班班可考

興朝鼎革神武不殺天下元元莫不感慕

朝廷好生盛德咸思祝釐祈福以銷季世殺運以敷薄海仁聞杰等職在學博無民社之寄獨是仁愛一念時董於東因見本學前後所有五湖舊聽居民採捕各納湖租以供本學興從之費切思五湖佃價每年共二兩四錢一載殺生大小各百千萬億取利幾何殺業無算擬欲改植荷芰採葉收花抵補佃額公用而數罟有禁盡絕漁罟結社放生涵濡德化業經牒呈本縣在案但未通詳　憲臺恐不足以垂永久為此具文申詳伏乞　憲臺以仁民之餘施愛物之恵批詳到學給示勒碑則恩澤徧于含靈而仁慈擲于解網庶使荷香馥郁開

諸生荷衣掛體之祥魚躍渟泓啟多士魚化禹門之兆此即 憲臺修黌造士之永澤也卑學不敢擅便伏乞 憲臺照詳裁奪施行

生員

明史選舉志生員之數府學四十人州縣以次減十諸暨學二十人師生月廩食米人六斗有司給以魚肉生員雖定數於國初未幾即命增廣不拘額數宣德中定增廣之額在京府學六十人在外府學四十人州縣以次減十諸暨學二十人增廣既多於是初設食廩者謂之廩膳生員增廣者謂之增廣生員及其

既久人才愈多又於額外增取附於諸生之末謂之附學生員凡初入學者止謂之附學而廪膳增廣以歲科兩試等第高者補充之非廪生以次者不得充歲貢

章志

國朝順治初歲科並行進額四十名康熙初以科兼歲裁額十五名三年一進康熙七年裁額止取四名十二年歲科復分取額十五名惟武生併考如舊康熙十七年常額考取外開援納例文武童生皆

得捐資入學自是入學者甚衆後二十二年停止

仍額取十五名康熙二十八年

聖駕南巡以江浙為人文之藪廣額大縣考取二十名

定為例

現在額數雍正四年奉

旨定額諸曁縣學取入二十五名歲科兩試凡五十名

廩增額數

國朝仍明制至今不改

武學

明史選舉志崇禎十年令天下府州縣學皆設武學
生員提學官一體考取

社學

紹興府志諸暨社學在南門内舊紫陽祠址今廢

義學

萬歷紹興府志諸暨白門義塾在白門元方鎰立延
金華吴萊爲師宋濂王褘俱受業焉

公舉事實孝義鄉義學太學生吴樹本捐田一百畝
構講堂書室共二十五間延師以課族姓吴氏之

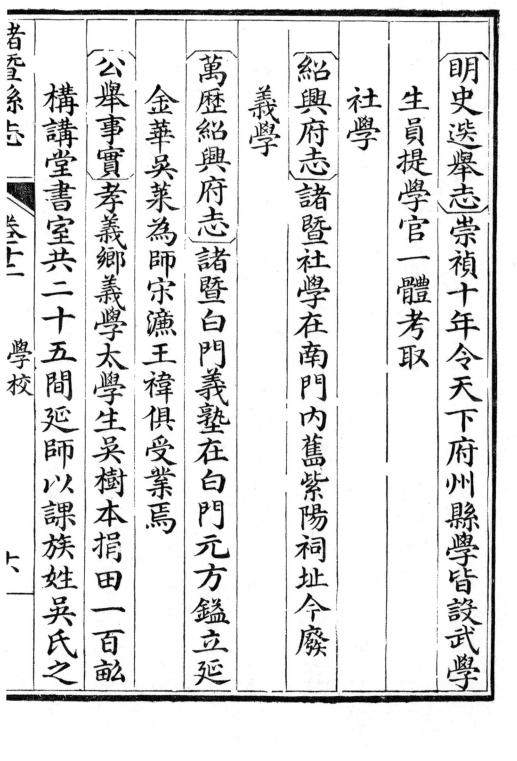

先元義士宗元號筠西因顏曰筠西家塾

（公舉事實）安俗鄉義學貢生毛棟等遵父貢生毛順遺志捐田六十畝構講堂書室共二十三間延師以課來學額曰集賢書屋堂額寶林

（公舉事實）楓橋義學太學生樓宗叟捐田五十畝公諸祠子賡榮孫克岐國柱又續置三十畝於雍正七年申詳督撫各憲歲延經蒙兩師

（公舉事實）槩浦鄉義學生員孟經捐田四十畝後董其事者續置二十畝構講堂書室一十六間顏曰

夫山書舍

〈公舉事實〉橫山義學明嘉靖中贈太倉州判黃池立田二十四畝屋五間顏曰屛山草堂

〈公舉事實〉橫山續增義學黃池六世孫監生居愷妻陳氏孀居自守念切童蒙捐田二十餘畝書舍五間顏曰養正書屋乾隆中寧紹道葉士寬爲之記

〈公舉事實〉烏岩義學生員蔡廣生捐田二十畝公諸祠延師以課族姓

書院

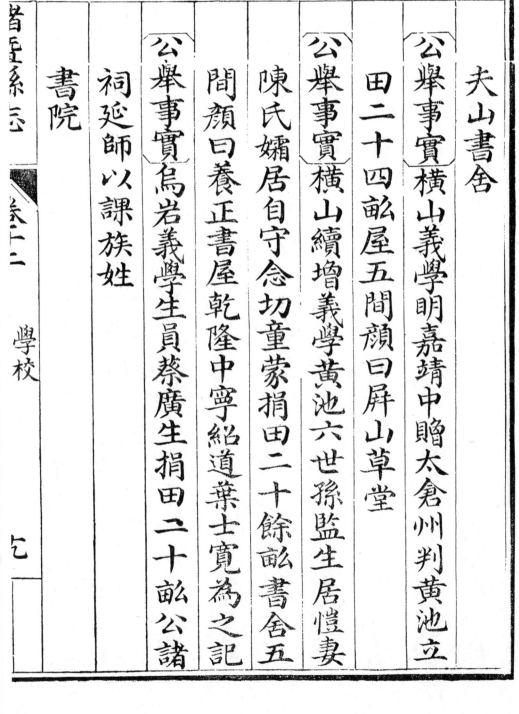

隆慶駱志紫山書院城西門内本府推官陳讓建求放心堂五間作聖堂三間禮教堂三間北軒四間在求放心堂左南軒四間在求放心堂右上廂房在作聖堂側左右各四間下廂房在禮教堂後左右各二間竹軒二間在上廂房前耳房在禮教堂側左右各三間門一間墻周圍百餘丈華表二座外曰養正之學内曰紫石山齋嘉靖乙未陳公既建書院因籍吉祥鐘山二寺入官田一百七十四畝以充養士脩葺費役頗有奸利歲癸卯知縣徐履祥案明之念始事者為祀陳公讓并前儒學教諭尹公一仁於作聖堂邑舊有紫陽祠歲癸丑知縣

徐樾嫌其湫隘近市遷祀作聖堂而改祀陳尹二公於求放心堂歲癸亥教諭林志與一二生儒惑堪輿説圖遷本學於縣東金雞山下悉鬻其田并舊紫陽祠以充費費盡而學不果遷隆慶初又以堪輿説毀舊放心堂及南北兩軒而并祀陳尹二公於紫陽祠側萬曆閒知縣尹從淑修紫陽祀事增置齋房兩廡多士始集而肄業焉今院側有知縣梁公生祠云

（大學士前浙江提學副使徐階記）晉江陳侯讓以鄉薦第一人舉進士出典紹之刑獄行縣至暨陽登紫山降觀四湖爰其形勝爰作精舍選士之秀異者學於其間而

聘教諭安福尹一仁氏為之師又為之顏於門曰養正之學示志也顏其前堂曰禮教堂學者初習于禮則怠肆之心無自入而可與適道示始事也顏其中堂曰作聖堂君子道問學以尊其德性而後世學者或認以為詞章功利之資揭而歸之作聖示實功也顏其後堂曰求放心學莫至于聖人而作聖非有他也求其放心而已矣示指要也既成會進士樂平黎君秀來知縣事益飭治之院之制大備予聞往觀焉進諸生謂曰夫良有司作人之勤觀於茲院可知矣爾諸生亦求所以無負于茲院者乎惟學有偽有誠茲院之設以養正也使諸生居其室業其事自謂能正矣而心之所懷猶未免于詞章功利是謂名正而實邪其所懷也自謂能正矣而其用于世或未免舍己狥人枉尺以與直尋之遇是謂正入而邪出其用世也又自謂能正矣初之所履或不能守其恒治朝之所以自立或不能無奪于危亡之際是謂正始而邪終皆偽也皆自負于茲院者也諸生其圖之胥曰諾未

幾予徙江右一仁以書來曰昔子之言願鐫諸石俾諸生永有省也予不得辭并為記其始末如此院為屋東向三十有六楹南北向二十有七楹陳俟懼其久而廢買田百七十有四畝屬守以養士之餘歲修葺之別有籍嘉靖丁酉孟春望日〔本學教諭尹一仁求放心說〕至誠不放者心之體動而後有放放而求之者善反之功也人心何能不放然雖至于奔逸馳逐之極而其本體之明未嘗不自知也學者于日用間每即其能自知者求之所謂求放心者在是矣求也者從其放而言者也心苟不放何求之有知其心之未放時虛靈洞達本無一切習染之情惟精專乎此可也若或懼其放焉而輒動求之之念是嘗无妄之藥而剖肌使潰也非即所謂放乎苟自知其心之放矣又不能即存其所以自知之心乃若別有心在外而求之使返將遂至于起伏無已生滅相尋猶窮響以聲形與影競走也得乎是故學問之道無他求其放心而已矣求放心之道無他致知而已矣致知者致

吾心知放知不放之實而毋自欺也於戲致知之義大矣哉

〔新建毓秀書院冊〕乾隆二十四年重修學宮東廡後有地可屋董事者議請建立書院知縣張端木詳憲報可遂於乾隆二十六年構屋五重一為臺門二大廳南向四面軒敞周以迴廊翼以廂房各三間後鑿方池進為麗澤齋建堂轉而西向自為臺門再進復為廳北向顏曰敬業東西皆書舍最後為樓房七楹堂居中南向顏曰作聖外置灶房窨池計屋凡四十六間費二千一百餘金三載落成

董事一十二人章廷標趙崇禮郭焯郭文偉程位袁翼張長祚酈欣袁南齡袁浚酈毓珣趙全智皆即二十四年同任督修學宮者（知縣張端木記）書院之設與學宮相表裏者也有宋鵞湖鹿洞尚矣前明首善東林搢紳先生每嘖嘖道之

國朝崇尚文教加意各省書院頻年以來自通都大郡下至荒州僻邑各以書院義學為首務猗與盛矣余蒞暨之三年既集紳士章君廷標等十有二人重修學宮工將竣諸紳士曰諸邑幅隕廣闊家勤誦讀茍無義學何以示勸余曰令責也令實有心顧資不能給奈何諸紳士曰即捐助不繼某等不惜出已財佐之余乃相度學宮隙地繪圖以勗其成既而工雲匠雨百堵皆作建巍樓五楹為藏書及山長棲息地其前為講堂又前為朔望會集之所其旁為寢舍為庖湢靡不畢具繚以周垣間以廣庭聯以長廊攸芋攸寧余圜視欣喜深嘉諸君赴義之果為能特創此舉也以其地居毓秀山之陽遂名為毓秀書院云院將落成余適去官諸君

屬余為之記余惟凡百興作創始恒難如諸君之慷慨克任天下豈復有難成之事哉後之蒞斯土者益加整植斯亦起教化善風俗之要務也

乾隆二十六年辛巳季冬張端木撰并書

計開書院田產

一坐二十七都切磨隱慈等號九十九畝二分一釐

一坐六十二都具飯適等號田二十二畝五分八釐一毫

一坐六十四都眠字號田四十五畝三分四釐四毫

一西廡後屋三間

一學湖南岸店屋五間

一採芹橋横街店屋前後二間

一採芹橋直街店屋二間

一學前街店屋二間後進五間

學校爲王政之本自三代迄今不改其在詩曰無小無大從公于邁羨其盛也縱我不往子寧不来刺其衰也尊師造士由来舊矣暨邑學宫山廻水抱舊志稱獨得城中地位之正又經前賢宰以時

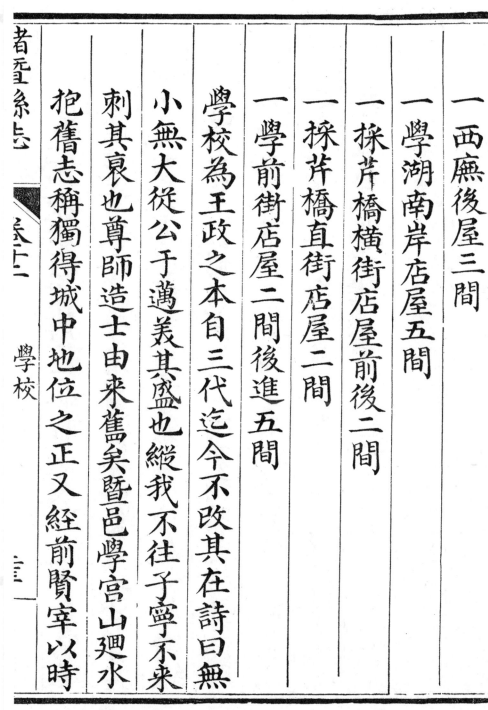

修葺不修不陋頗稱整肅前令張公復于東偏建立書院士之入是學者俎豆筐篚象勺干籥有其器鞉鼓控揭笙鏞琴瑟有其音屈伸俛仰盤辟綴兆有其度藏修息游有其所踞形勝之雄奇沐師儒之董率有不蒸蒸日上者哉若社學之制紫山之塾圮廢已久復之為難存其名將有待乎後之學道君子也　沈椿齡識

諸暨縣志卷十三

祠祀

禮祭法法施於民則祀之以死勤事則祀之以勞定國則祀之能禦大菑則祀之能捍大患則祀之非此族也不在祀典古者成民而致力於神民和而神降之福此幽明感通之理也自祀典不明人或祀其所不祀而不祀其所祀悖孰甚焉吾暨前志所載各祀事有遵令甲者有相沿爲風俗者謹錄之以備參考志祠祀

壇

先農壇【浙江通志】在城東金鷄山下

國朝雍正五年知縣黄道中建立壇宇并置耤田四畝九分

社稷壇【舊志】舊社稷壇在縣南三里政和間令陳端禮依新式增築壇五雷風雨師附焉淳熙丙申令熊克别築五壇於縣西墉之外慶元四年令趙彦權始遷城北元遷西南四里長山下

【明史禮志】洪武元年頒壇制於天下郡邑俱設於

本城西北右社左稷十一年定同壇合祭如京師

隆慶駱志社稷壇城北三里洪武三年建垣墻房屋如制洪武初知縣田賦建萬歷中知縣尹從淑重建舊有壇一環以墻門四宰牲房三間神厨三間在壇東齋房三間在壇西今圮

章志

國朝社稷壇在城南三里壇而不屋

風雲雷雨山川壇明史禮志府州縣亦祀風雲雷雨師築壇城西南祭用驚蟄秋分日

隆慶駱志壇在城南四里洪武三年建垣墻房屋

如制建祀同前

邑厲壇〔隆慶駱志〕城北二里洪武五年建垣墻房屋如制壇一垣墻門一座宰牲房三間在壇西南今圮

里社壇〔明史禮志〕里社每里一百户立壇一所祀五土五穀之神〔章志〕今圮

鄉厲壇〔隆慶駱志〕每里一百户立壇一所祭無祀鬼神〔章志〕今廢

廟

城隍廟〔舊志〕在縣城西一里宋淳祐壬寅縣令家

坤翁遷於淨觀院内洪武三年主簿史子疇重建長山之陽洪武丁卯縣丞馬文聰移山之麓後圮永樂間邑人曹希賢王景明等建正廟三間川堂三間後堂三間東西廡各十三間大門三間坊一座其別院道房不載舊從灣角嶺進路神道湫隘萬歷己亥知縣劉光復謀之父老買鍾姓地開闢直道前臨湖水

謹按萬歷中劉公廟碑路係鍾姓捨舊志云買鍾姓地者疑悞

孟子廟【紹興府志】在縣西三十里夫槩鄉南宋初

有孟載者孟子四十七世孫扈從渡江封爵諸暨
流寓夫槩鄉因家焉嘉定中建孟子廟肖像其中
明萬曆四年知縣陳正誼新之〔會稽陶允宜記〕宋南巡而有扈從渡
江曰孟載者孟子四十七代孫信安郡王忠厚子
封爵諸暨縣流寓夫槩鄉子孫家焉嘉定丁丑建
孟子廟肖像其中四時專祀其後曰繼瑩曰應酉
曰性善曰元治曰銘曰恊曰瀌曰時羣起而增美
之迄今廟宇日頹嘉靖間郡守張侯邑令徐侯訪
其後曰逵曰國寶充生員以奉祀計直修葺俄以
兵火寢工萬曆間陳侯聞邑西有廟釋奠既畢徘
徊四顧謀新之命孟氏之族長文獻合其族人醵
金若干鳩工庀材以告始事侯復捐俸百金以竣
厥役仍請于督學喬公大參胡公檄其後曰鵬曰
臨充生員以奉廟
事而祀典大備〔章志〕督學喬因阜檄孟氏後通

文學者充生員一體優免與試世為承襲以奉廟事如兖府四氏學例順治閒六十四世孫貢生孟稱舜生員孟樹忠等呈請各憲每歲撥暨田六頃供修備祀批允勒石

乾隆十三年奉
上諭十三氏孫考驗文行兼優者咨送禮部貢入成均
諸暨夫槩鄉孟氏係
亞聖孟子四十七世孫信安郡王後裔考驗孟旻入貢

范相廟（嘉泰會稽志）在縣東南五里祀越相范蠡（章志）即陶朱鄉土穀每歲社會崇祀甚隆宋吴處厚碑載藝文

宋朱臨范蠡贊 矯矯朱公當世英雄卓然先識力避成功種也不悟語巳旋凶越壤千里齊祿萬鍾取如拾芥棄若飄蓬五湖長往千載清風

文應廟

紹興府志 在陶朱鄉之松山祀漢朱買臣 章志 每歲正月望前耆老請長官丞尉以下謁廟祈年

上綱廟

舊志 安俗鄉土穀神姓陳名謚宋堯佐四世裔學士陳盛之祖登進士官至兵部侍郎平邊有功留守秦鳳扈蹕南遷徙東越樊江後隱諸暨江東台輔坊境内火以法除之卒後往往顯神里中追祀立廟勅封定國侯加封裕國明王 歲十月里人輿

城隍文應二
廟並賽之
梓潼帝君廟〔舊志〕在下方門萬歷丙申知縣尹從
淑建每科赴試舉子祖餞於此
秦始皇廟〔萬歷紹興府志〕在縣西一里會稽記云
始皇崩邑人刻木為像祀之配食夏禹後漢太守
王朗棄其像江中像乃泝流而上人以為異復立
廟唐葉天師焚之開元十九年縣尉吳勵之再建
宋慶歷五年知縣寇中舍毀之改作廻車院今院
側仍有小廟存

烏帶廟（萬歷紹興府志）在縣東北四十五里烏帶山夏侯曾先地志云梁武帝遣烏篁採石英於此山而卒後人立廟帶篁之誤也

楊司馬廟（章志）在三十都相傳越句踐司馬也隱此歿爲本境土穀神歲正月元宵節里人設供爲木架高四五丈復于架上卓幡竿數十尺名曰揷尖

嚴侍郎廟（舊志）漢嚴助墓在二十五都碑勒江東嚴助墓石尚存居人祀爲土穀

江東廟（舊志）在接待寺之左創於明初知縣吳亨

縣丞淩顯永樂中姑蘇成允為暨教諭命二子規矩應浙鄉試占于神得籤曰羨君兄弟好名聲只管撝謙莫自矜丹桂槐黃相逼近巍巍科甲兩同登已而兄弟皆中式後訓導李永占其二子贊及貢得門闈喜氣事雙雙之句兄弟皆登進士靈應如此

四明楊守陳碑略浣江之中有神祠焉曰江東聖濟廟神姓石氏名固秦生于贛歿而為神其始有廟在贛之崇福里人稱石固王廟後徙贛江東之雷岡今四方所謂江東廟者本此矣楊溥曾署為昭聖王宋五封至崇惠顯慶昭烈忠祐王賜廟額曰嘉濟元三易為護國普仁崇惠靈應聖烈忠祐王更廟額為聖濟宋贛縣尉蕭田傳暉嘗為撰籤辭百章舊碑謂漢高六年潁陰侯灌嬰討南粵神報嬰以克捷之期故為廟祀唐大中元年里人禱有奇徵故徙廟而益崇奉之宋元祐間東城災禱皆應有降雨滅火之驗隆祐太后脫金人于造水都統制李耕殲叛兵山寇皆其

陰翊之力載嘉濟實錄

江神廟（章志）在茆渚埠江流至此分東西兩江廟當其分處知縣劉光復置田以備修葺

長山頂胡公廟（章志）俗稱胡公臺踞一邑之勝振衣登眺則山川雲物環繞襟帶每年八月十三日賽會甚盛

棲巖胡公廟（章志）在四十三都羣山聳翠由嵊縣綿亘數十里蟠結成勝兩水夾腋會於龍口噴吐作瀑廟棲巖上故名

蔣塢東嶽廟（章志）在三都舊在城東金雞山下宋大觀中忽大風飄一瓦於蔣塢之麓里人因立廟其地

楓橋鎮楊相公廟（駱問禮告土穀神文）惟神效靈兹土非一日矣不正其名識者惑之兹特正爾位號曰楓橋鎮土地紫薇侯楊二十相公楓橋鎮司種楊二十六相公楓橋鎮司市楊二十七相公蓋土地即社司種即稷而司市亦土地也按纘亭先生文士人頗不以為然謂神諱儼居泠水里與潘柴結義非同姓也神初司水曹有鄉人歲除鬻杭神語以登

舟即可抵楓果風雨馳驟倏忽而達明時倭寇猖獗漫空見一白袍神金鼓驅逐之知爲楊神靈佑勑封護國保民紫薇侯據所聞事跡如此

諸山鄉楊相公廟〔章志〕從冷水灣顯靈於此

國初山寇竊發見有神馬夜逐之寇即屏跡神姓楊名儼居冷水里兄弟三宋時封紫薇侯爵

楊大仙廟〔章志〕在諸山鄉唐乾符閒其地業陶薪熘正烈鄉人二子年可七八歲忽躍而入父母號之空中雲軿而下曰帝命司雨部當謝世去鄉人立廟祀之禱雨輙應

俞柳仙判官廟（嘉泰會稽志）在縣東南孝義鄉父老傳有姓俞者久寓村媼家病革謂媼曰死以兩大甕合以瘞我扛折則窆鄉人如其說復夢俞曰今為天曹雨雪部判官會野火且至烈日中雨雪塚上遠近異之即其地立廟宋紹興初久旱迎神至大雄寺禱雨立應歲以大稔相傳神喜柳枝邑人致禱必持柳枝以獻因號柳仙云

柳鮑仙姑廟（紹興府志）在縣東南孝義鄉廟負山帶溪景趣勝絕父老以溪聲高下卜雨暘甚驗人

皆異之

祠

名宦祠

古越上大夫范公蠡 據府志入鄉賢據現在神位入名宦

漢諸暨縣令張公敦 據府志

吳左丞相前諸暨長陸公凱 據府志

唐諸暨令郭公密之 據府志

宋尚書員外郎秘閣前知諸暨縣丁公寶臣 據府志

宋諸暨令錢公厚之 據府志

宋起居郎直學士院前諸暨令熊公克據府志

宋諸暨令劉公炳據府志

宋諸暨令劉公伯曉據府志

宋諸暨令家公坤翁據府志

元都水營田司前知諸暨州馮公翼據府志

元知諸暨州于公九思據府志

元知諸暨州單公慶據府志

元江浙儒學提舉前判官諸暨州柯公謙據府志

元侍讀學士前諸暨州判謚文獻黄公溍據府志

元寧國路教授前諸暨州學正俞公長孺 據府志

元諸暨州知州欒公鳳 據府志

明諸暨州知州田公賦 據府志

明諸暨縣令張公真 據府志

明諸暨縣令熊公禮 據府志

明諸暨縣令吳公亨 據府志

明諸暨縣令許公璽 據府志

明諸暨縣令張公鉞 據府志

明諸暨縣令單公宇 據府志

明刑部侍郎前知諸暨縣潘公珍據府志

明禮部侍郎前知諸暨縣朱公廷立據府志

明諸暨縣令時公偕行據現在神位

明諸暨縣令尹公從淑據現在神位

明贈翰林院左春坊左中允前諸暨縣令陳公允堅據府志

明監察御史前知諸暨縣令劉公光復據府志

明諸暨主簿魏公忠據府志

明諸暨主簿史公子疇據府志

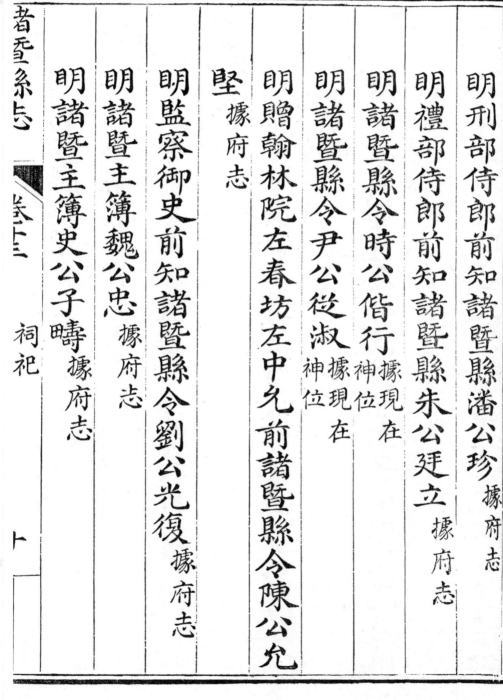

明諸暨縣儒學教諭袁公時億據府志

明諸暨縣儒學訓導李公永據府志

明監察御史前諸暨縣儒學教諭甯公慶據府志

國朝崇祀

巡撫浙江陞任直隷總督兵部尚書謚勤愍朱公
昌祚據現在神位

總督浙閩部院兵部尚書贈太子少保謚忠貞范
公承謨據現在神位

總督浙閩部院陞文華殿大學士吏部尚書李公

之芳據現在神位

總督湖廣前任浙江按察使楊公宗仁據現在神位

總督浙閩部院陞戶部尚書王公然據現在神位

提督浙江全省軍務李公塞據現在神位

已上浙省各府州縣通行奉祀置主入祠

知諸暨縣毛公上晋據府志

知諸暨縣卞公之釗據現在神位

鄉賢祠

南宋孝子追贈天水郡顯親縣左尉賈公恩據府志

唐孝子張公萬和 據府志

宋元祐發解張公堅 據府志

宋大中大夫徽猷閣待制開國男贈金紫光禄大夫太師姚公舜明 據府志

宋贈衛尉卿黄公振 據章志

宋朝請大夫贈開府儀同三司黄公汝楫 據府志

宋崇安令黄公開 據府志

宋中順大夫知衡州王公琰 據府志

宋秘書郎進寶文閣王公厚之 據府志

宋孝子楊公文修據府志

宋司法參軍追贈吳越路相楊公欽據現在神位

宋靖江節度使追封中山王楊公賢據現在神位

宋義士朱公光據府志

宋殉難勑贈迪功郎何公雲據現在神位

宋中順大夫知秦州通州改守德安張公定據章志

宋諸暨學正酈公元亨據現在神位

元淮東宣尉使王公艮據府志

元旌表孝子丁公祥一據府志

元江西儒學提舉楊公維禎據府志

元松江路儒學司訓胡公存道神位據現在

元處士明勅授咨議參軍王公冕據府志

元勅賜本州儒學學正碧崖先生吴公雄據府志

元紹興路儒學教諭俞公漢據府志

元欽授教諭陳公志寧神位據現在

元欽褒義士陳公嵩之神位據現在

元義士吴公宗元神位據現在

元義士方公鎰神位據現在

元紹興路總管兼府治中驍騎尉追贈山陰縣子
方公鐵據現在神位
明翰林院典籍監察御史黃公隣據府志
明贈刑部員外郎王公允升據章志
明荊州府同知前諸暨儒學訓導郭公日孜據府志
明政和縣典史郭公斯皇據府志
明義民駱象賢據府志
明大理寺少卿呂公升據府志
明翰林院編修江西提學僉事王公鈺據府志

明旌表孝子趙公紳據府志

明沛縣知縣馮公譓據府志

明崖州知州轉道州徐公琦據府志

明工部主事孫公可述據現在神位

明南雄府同知陳公翰英據現在神位府志載入府學

明澧州知州鄭公欽據府志

明刑部尚書謚榮靖翁公溥據章志

明湖廣按察司副使駱公問禮據章志府志載入府學

明廣東布政司使陳公性學據府志

明孝子陳公于朝據府志

國朝崇祀

永州府通判贈按察司僉事酈公引昌據府志

贈副將龍虎將軍上護軍湖廣掌印都司宣公德仁據現在神位

河南道御史巡鹽長蘆余公縉據現在神位

旌表孝子邑庠生趙公璧據現在神位

庠生楊公學泗據現在神位

旌表孝子趙公氏璧據現在神位

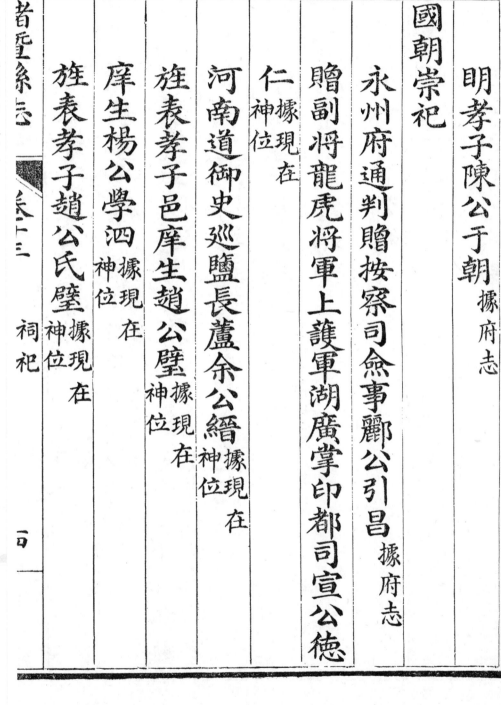

旌表孝子樓公墨林乾隆二十五年題旌二十六年入祠

旌表孝子樓公永叔乾隆二十五年題旌二十六年入祠

旌表義士侯選州同郭公元宰乾隆二十三年題旌三十四年入祠

忠孝祠浙江通志在學宫内泮池西

南宋孝子賈公恩

唐孝子張公萬和

元孝子丁公祥一

明孝子趙公紳

明孝子陳公于朝

明殉節生員傅公日炯

國朝崇祀

永州府通判贈按察司僉事酈公引昌

贈副將龍虎將軍上護軍湖廣掌印都司宣公德仁

旌表孝子趙公璧

旌表孝子趙公氏璧

旌表孝子樓公壘林

旌表孝子樓公永叔

孝子張公瑞虬乾隆三十三年入祠今據現在神位題旌年月未詳

紫陽文公祠〔舊志〕舊在南門内後遷紫山書院今廢

義安精舍祠〔舊志〕在楓橋一名紫陽精舍朱子爲常平使時鉤察民隱名楊佛子與語因止宿焉鄉人塑其像歲時展謁陳志遜請祠於義學今址爲急遞鋪

忠聖祠〔章志〕在學宫側元時邑人胡存道爲松江教授矻難萬歷辛丑耿文高自松江任諸暨教諭

以其事詳悉建祠今與耿合祀

興越二大夫祠

〔浙江通志〕在上横街祀范蠡文種

明萬歷庚子耆民酈有政請邑侯劉光復創建〔章志〕祠在武安王廟側祀以仲冬以入吴之月也

〔劉光復興越二大夫祠記〕

越之冠帶而長中諸侯者自王句踐始其嘘燼復燃脫纍然冢君治強吴而威上國實惟范少伯蠡文子禽種是賴厥勞偉矣厥施勤矣二大夫義當祀然後世多震慕少伯高蹈而悲文之不早見遂胥壞之嗟乎此未易言也少伯智周天人機决時宜當逆戰夫差時強諫弗聽已習知主之不同量獨以毁軍滅名復隱忍以見志功成身退得天道也若子禽朝格敵而夕行成國虚無人挺任居守身首已置之若棄一心惟雪恥報國是圖追泣

血枕戈俾剪寇仇而通周室方將借天子靈寵以屬諸姬桓文寡君而駕軼管范諸人為愉快孰意君之遽我猜乎然即其從容自裁曰臣聞命矣無纖毫怨懟狀則非如擊節炬目俾俾矜功伐而懷憤懣者比也所謂生死不二之臣非與且少伯告君曰親附百姓臣不如種是二大夫自為有明暗而其造澤於越則一也則為此地而議崇祀誠無先二大夫者

史大夫祠〔浙江通志〕在縣西北三十里靈泉鄉大夫諱昭字德輝其先杜陵人唐咸通中充諸暨鎮遏使平喬中甫之亂黄巢犯境又却之卒葬靈泉鄉之溫泉村鄉人懷之立祠祀焉

史太師浩祠〔舊志〕在乾明觀乾道間奏免湖田租

賑恤淹没之家立祠祀焉今廢

靈雨祠（隆慶駱志）在縣南司東萬歷己丑六月亢旱知縣王嘉賓步禱富春山木乂神夢神報以九日雨果驗因建祠祀神并祀王侯於神後監生毛立意捨地生員石著經畫陰陽官婁文逵董其役

（邑人陳性學記）王侯以戊子元日下車越己丑六月不雨適獻議者云紫閬山有木乂神司風雨惟有德者禱之始出出無不雨王侯迎神應期大雨四郊沾足民德神既擇地於南司左構靈雨祠報之不閲月侯丁内艱復即靈雨祠後爲椽五楹肖像瞻祝士民石著鄭希范鄭汝安趙應鵬數十輩詣予請記侯

諱嘉賓號廷石直隸滁州人

建立義倉祠〔隆慶駱志〕義倉設宣何楓橋二處邑人蔡子智倡助以濟民饑士民感戴肖像於宣何而生祠之並像於邑中靈雨祠偕王侯歲時奉祀

邑人陳性學記　宣何距縣治六十里萬歷辛卯乾所時侯循行至議建宣何公署易羅嶺鋪遺址從事爲堂皇肆啟廊宇稱之周翼垣廨前起麗樵又於旁設社倉儲粟以備荐飢侯改遷安海代侯署者又方尹侯踰一稔而事始告竣何氏貢生曰敏者率其家器庠生光祖請記時侯三吳人諱偕行尹侯三巴人諱從淑並以名進士起家助義董事者蔡子智何宗德何鯨何登何璋趙和

單公祠〔舊志〕祀元邑侯單公慶在城隍廟側延祐

二年建

李公祠　舊志祀訓導李公永在學宫内

梁公祠　浙江通志在紫山明隆慶間建祀知縣梁

公子琦

大學士餘姚吕本記　暨之人以其父母梁侯赴内召歆碑以永其思敘侯政績皆節用愛人剔弊興利先教化後催徵正身率屬舉廢興賢而水旱灾苦之必致其援寃滯幽隱之必用其情侯名子琦字汝珍號石渠起家以乙丑進士鳳陽壽州人也

時尹二公祠　舊志時公偕行尹公從淑並於璽兩

祠與王公嘉賓合祀

劉公祠 章志 祀劉公光復凡六十三處縣前六角亭官船埠茆渚埠會義橋餘不盡載

三邑侯祠 章志 祀王公章路公邁蕭公琦在城西門內

錢公祠 章志 祀錢公世貴在上水門外

朱公祠 章志 祀朱公之翰一在茆渚埠一在王家埠

賈孝子祠 舊志 在縣東南六十里孝義鄉

孟貞女祠 舊志 在十二都孟子祠側宣德間巡按

蔣玉華翰林院侍讀黃文瑩以事疏請於朝詔旌其門建坊立祠歲給學租銀於大寒日遣教諭詣祠致祭學租銀歲給二兩

貞烈祠章志在縣東五里舊屬官亭遺址知縣劉光復申請建祠以祀孟貞女蔡烈婦

西子祠苧蘿志在苧蘿山明崇禎中知縣張夬建今圮

知縣張夬西子祠記余齡丱時覽越絶春秋及漆園叟言便心醉沼吳顰里之妹泊念年所幸叨一第謁選得暨陽令同籍知愛聚都下相與譚夷光事津津芬齒牙余翩然若置

身巫峯巔與雲綃霓佩為侶蓋不禁吊古覽今之
感及代匱以来投綸有暇拾奇挹勝涉足苧蘿第
一見荒塚星羅柔茵满目求所為麗句騷章杳乎不
一二見蕭條寂寞不勝悲矣噫有忠君報國之心
而不表其爰居爰處之地亦從来守土者之咎也
當施之浣紗而遇少伯少伯覩絕色而訂盟非即
知其能扶危定傾也乃數年離亂傷合巹之無期
一旦稍平嘆徽綸之莫遏儻少伯即有匡王定霸
之懷西子或無無孤忠自許之願將句踐亦無如西
子何孰知飄然承命奮不顧身掩袖工顰大宰貨
賄之儔可結則結之相國社稷之臣可殺則殺之
太子宗祧之本可間則間之姑蘇之瓊臺告竣而
東揚之蓬島頓忘矣通宵之歌舞娛情而而父之
慘宛盡釋矣柳眉之遠岫一橫而萬笏之乾坤竟
灰矣星眼之秋波一轉而陽山之影響遂造矣假
無西子于夫差之側縱有范文之宏猷曾不足以
當子胥之遠略此則卧薪彼且破竹此則嘗膽彼
且荼毒此則折節下賢彼且操戈入室此則厚遇

賓客賑貧吊死與百姓同甘苦彼且興兵搆怨逐北追亡肝腦我土地十年之生聚教訓總成夢想吳之仇未必復而越已先沼矣西子真在越為功之首哉說者乃曰吳亡之後越沉西施於江令隨鴟夷以終蓋以子胥之鑷鏤施實與謀焉胥死盛以鴟夷沉之于江者報子胥之忠也不知子胥之忠忠于吳越何以報之誕矣然則揚袂入吳其沼吳之謀籌之已定藏機歌舞玩虎狼于股掌間卒使江東百姓轉危為安迨事成歸國一縷談心回首霸圖都付之煙波滅沒視夫立人本朝二三其德輙委君命于草莽鬚眉皆穢即有驕語功高戀戀而爭上賞者以較施不啻曹蜍李誌之望廉藺也施豈巾幗中人哉宜與少伯並傑千古矣余景之慕之而愴然于其舊里之蕭蕭也為之闢其蕪新其址巒之石臺一座麓之廬舍三楹使千載忠魂有所棲止且以使覽勝者車塵馬跡得是而暫憇焉耳至於推而廣之在嗣後之同心者

節孝祠（浙江通志）在江東下坊門

國朝雍正四年知縣佟逢年奉文建

堂

龍堂（紹興府志）諸暨五洩龍堂在五洩山三學院

側

墓　墓及義塚依紹興府志附祠祀

晉右軍將軍王羲之墓（萬歷紹興府志）孔璽符記云在苧蘿山孫綽作碑王獻之書碑亡已久或云在嵊金庭山或云在會稽雲門山智永傳云欲近

祖墓便拜掃移居雲門寺側在雲門者近是然雲門今無迹也永師爲右軍七代孫雲門或其别祖墓耳

晉劉龍子母墓（萬歷紹興府志）晉時劉姓一男子釣於五洩溪得驪珠吞之化龍飛去人號劉龍子其母墓在撞江石山每清明龍子来展墓必風雨晦冥墓上松二株至今奇古可愛相傳龍子所植云

唐孝子張萬和墓（萬歷紹興府志）在大部鄉

宋安定郡王趙令誏墓〔嘉泰會稽志〕在花山

宋新安郡王趙士術墓〔嘉泰會稽志〕在陶朱鄉

宋安定郡王趙子清墓〔嘉泰會稽志〕在安俗鄉

宋郎中馬純墓〔嘉泰會稽志〕在陶朱鄉寺丞延之

祔

宋都丞廖虞弼墓〔嘉泰會稽志〕在陶朱鄉

宋待制姚舜明墓〔萬歷紹興府志〕在長寧鄉子樞

密憲墓亦在旁

明知州欒鳳墓〔萬歷紹興府志〕在苧蘿山傳詳名官

明知縣吳亨墓（萬歷紹興府志）在龍華山傳詳名宦

皇清典史郝朝寶墓（章志）在西城外長山下順治丁亥山寇薄城郝出北門被害邑人擇地長山之麓塟之

義塚

（隆慶駱志）義塚三一在縣西門外長山之麓一在楓橋鎮黃土山嘉靖中知縣朱廷立置土山里人陳元璧所輸也一在縣北門外黃泥塘頭其來久矣知縣尹從淑因民取土暴骸立石禁止

（知縣朱廷立義塚原）仁者人之心也義者事之幹也事當於吾心而毅然行之

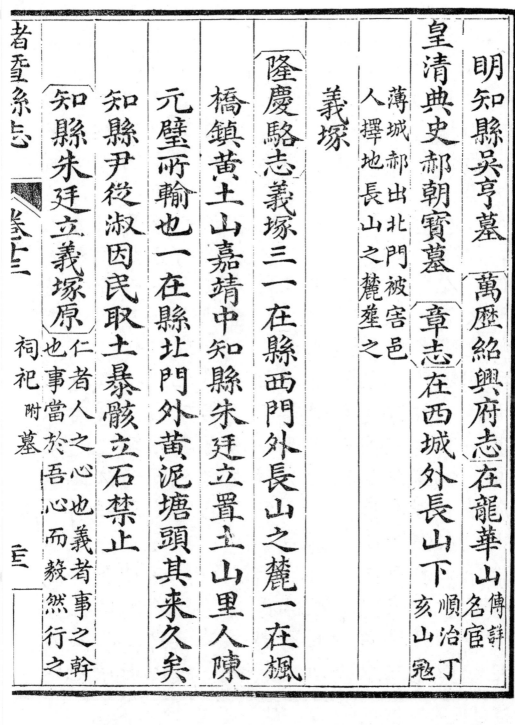

不必拘古人之迹者知古人之如吾遭焉亦若是也故曰以義起也悲夫諸暨之民有死而無瘞地者或委之野填狐穴爲或投之江餧魚腹爲鄂東朱氏曰何異類者乃殘吾同類者耶則怵然有所不忍矣有所不忍者仁也晝地而俾死者瘞爲以義起者也嗚呼古者墓地不粥死者邛爲無流民也後世有流民之遭而後義冢之名立悲夫吾不願夫世之有義冢也

知縣尹從淑義冢記

幽則有鬼神明則有民義一也義是務矣而冥冥中有不一得所歸職治典者能無隱憂哉暨北郭外西北土名黃泥塘舊有義冢蓋僑寓者無子孫而得以藁瘞焉此無祀鬼魄所棲也邇因無知小民借名取土朝夕開掘毁墳暴骸嗚呼彼死既不獲安厝而白骨且星月蠅嘬可慨已兹允里保鍾叔奎鍾克明鍾樓王敬等之請鐫碣以禁倘有人心者心與口相語曰咸秩無文國朝歲時邑厲之祭必齋如也矧一簣之土何地無之而甚至戕敗骷髏首犯

不譴乎允若茲則生為良民無愧於諸厲而受福無量天地神鬼陰鑒默相不可既已雖然禮防民於未然刑加罪于已然吾見其從禮無從刑可也不則開槨見棺開棺見屍憲典昭如列星誰復爾宥哉

章志義塚自縣尹劉光復增置若干清查出若干民間捨置若干備載以便稽察

七十一都土名後村埂計地十二畝又一所土名後村塔地二畝二分又一所土名後村塔地二畝三分

四都祝橋沈家滙計地四畝

附七都長瀾土名灰宕山計地十畝

六十二都湄池土名羅滙高埠計地三畝三分

六十八都土名埂地四畝

士民捨立義塜

正七都姚公埠土名沇家埠計地四畝姚大任捨

十一都應店土名廟後山計山五畝應和四十三捨

又二圖土名泉井塢計山八畝俞良五捨

十六都草塔土名黃婆山計山十八畝趙俊三十九捨

二十二都安華埠土名應家街計山三畝許惠三十一捨

正二十四都一圖宣何土名廟後山計山三畝何連十一捨

又二圖土名閙橋山計山五畝何源十捨

二十九都排頭土名毛陽山四畝陳稳十捨

正三十四都街亭土名塘山計山五畝陳稳九十三捨

三十六都横山土名黄觀山計山二畝黄姓衆捨

又一所土名後山塔地一畝黄庚六十六捨

三十八都烏巖土名馬蓼山計地二畝蔡子智捨

三十九都東蔡土名尾窑頭計山一畝張仲賢捨

四十都獨山土名白虎山計山六畝趙存四十三恒三十四捨

坐弱字六百九十八號東至田南至田西至塘埂橫頭北至相公殿坪

五十四都楓橋土名土鋪前山計山十畝陳都三十三捨

六十都黃潤土名梅園山計山五畝斯潤斯邦彥捨

六十一都店口土名牛角嶺計山五畝陳欽三十七捨

六十四都阮家埠土名道堂山計山五畝黃仲玉捨

又一所安家埠計地四畝壽文二十四捨

又一所安家埠計地四畝壽文六十四捨

六十六都魚墅土名金家園計山十畝壽頂承捨

六十九都古櫟橋土名豹青塢計山六畝鄭文亮章良捨
清出官地并舊義塚
南隅苧蘿山脚計地三畝
北隅黄泥塘一畝
五都上倉湖係江塘塔計地四十二畝六分
六都源潭村土名上圩塘計地一十二畝又直埠
土名地塔計地十畝
十七都黄泥隴計二畝楊和順捨
二十八都塘田頂計山二畝黄本清捨

祠祀附義塚

三十都平濶黄泥山計二畝

四十一都陳蔡土名黄濟山計地十畝

四十五都大磨山計山二畝二分

附四十七都廟下土名荒平計山十畝

五十都陸家山二畝六十五都魏文聰捨

五十一都童山計山十畝五分駱来二百四十九捨

五十五都前塘村土名黄土嶺計山十畝

五十六都黄泥隴坐溪驛路邉地七分謝富三十四捨

六十一都八堡垣字九百十四號九百九十五號

共山四畝陳欽百三十七捨

焦樹灣計山二畝又一所朝山頭二分

六十六都五圖黃家湖江邊地二畝四分五釐壽祥如捨

又黃家埠安家埠江邊

六十八都土名西邊地三分九釐又二分

又西邊地二處共地五分九釐

廣孝阡

南隅二堡隅字一百廿八號土名白洋山山四畝

二分邑侯蔡杓捐立

南隅二堡隅字一百三十一號土名大貝山計山五畝六分邑侯蔡杓捐立

北隅二堡謂字三百十一號山三畝地二分趙瑞鯉捨

正一都四堡黄字三百三十三號山二畝趙瑞鯉捨

正一都元字號山一畝各姓捐置新增

諸暨縣志卷十四

武備

天生五材民並用之廢一不可誰能去兵論者謂暨非用武之地戰守不屬焉然當張士誠據紹興明太祖據金華則吾暨乃如吳蜀之於荆州要爲勢所必争而前後數百年閒草竊姦宄亦時時而有不備不虞不可以師其能以無備乎詩曰無競維烈是之謂武易曰君子以除戎器戒不虞是之謂備志武備

兵制

萬歷紹興府志諸暨管界寨額一百人紫巖寨額一百人

弓手諸暨一百十三人

民兵諸暨一百四十名

國朝

浙江通志防守諸暨縣把總一員係千把輪防協防外委千總一員馬步戰守兵丁三十九名

章志舊設民壯馬快以備守禦太平日久若輩無所

用武第充官府差使然有紹鎮調官駐防與守土
者同衛疆圉則未嘗一日忘武也
章志邑有駐防自
國初始迨後知縣劉餘琿因四鄉多警防兵寡弱復設
鄉練六十名在城防守不食官糧里民照田給食
事卒則散有事則設統於縣無定額
城守
章志城守窩鋪若干每歲一修順治十八年山寇蠢
動城中人運石城上纍纍如列伍有警則飛石擊

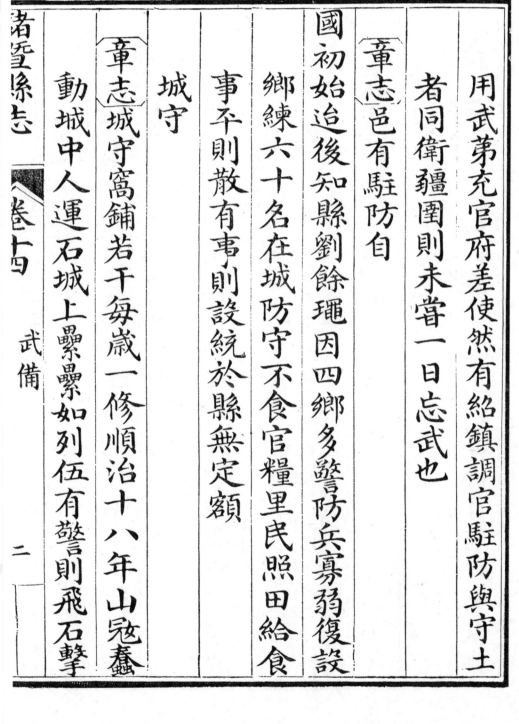

之力省而功倍

舊城高一丈有八尺爲敵者七順治十七年復加城垜三尺滚木虎頭牌悉如式

順治初城四門列紅衣砲於月城内後砲運寧波防海而城守詰奸倍加嚴戒闗柵必修鈴柝必飭宵行有禁旅店有稽宰與尉每夜臨城巡視以備非常

軍器庫

章志軍器庫舊在縣堂之東貯器械弓箭銃砲火藥

諸項載諸冊籍每年增修順治丁亥山寇入城焚
燬殆盡其後漸加置造歲辛亥知縣蔡杓重建軍
器庫如初

捕盜司

〔章志〕捕盜司舊在縣治東二百步有廳廡臺門轄鄉
十有二陶朱開元花山義安泰南泰北安俗天稠
金興花亭靈泉暨浦弓兵三十名官則判官輪署
吏則刑房兼之明罷其制惟朔望日率兵操習於
演武場名曰落操

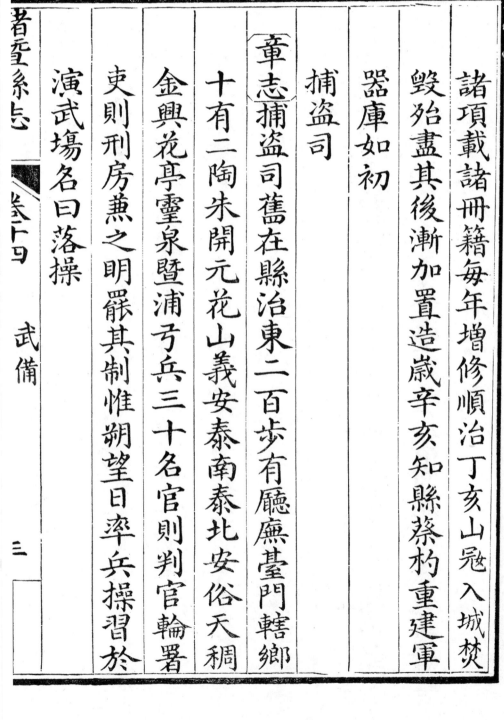

國朝槩除之每歲霜降日觀兵一次

演武場

萬歷紹興府志諸暨在縣東三里許浣江邉

章志廣袤數十畝在城南金雞山之陽蔬植有禁侵

佔宜察

軍營

章志宋元時有軍營在道山坊内明太祖移於諸全

州城内崇禎癸未婺寇猝發知縣蕭琦建義勇營

於北城外以屯練鄉勇

射圃

章志射圃在學宮之後爲文生禮射而設向無武生

明末始有之

國朝文武並重由縣而府而道與文生一體則射圃之

近學宮益宜

保甲

章志順治初每鄉行團練法以捍衛一方令太平目

久革去鄉練而特嚴保甲知縣蔡杓每甲置一鼓

二鑼有警擊之聞聲協應

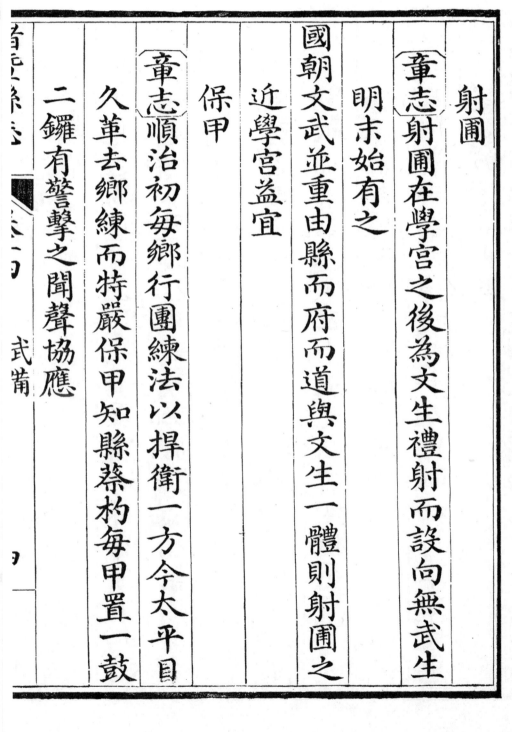

險要

浙江通志陽塘關去縣五十里浦江縣界嶺下兩山相逼唐宋置關於此元廢紹興府志元時有關明崇禎癸未婺賊蔓延復壘石置關今迹尚存

紹興府志諸暨長清西南去縣城五十里元時有關

湖頭鋪南去縣城五十里元時有巡檢司

管界東去縣城八十里唐宋有寨

五指巖西南去縣城六十五里明初將軍李文忠築新城拒謝再興

古博嶺與楓橋接壤明初将軍胡大海克諸暨自
茲路勘越郡嘉靖三十三年倭寇亦由楓橋進舊
有楓橋巡檢司今基址尚在
駐日嶺諸暨界元末裘廷舉聚鄉兵處
唐中和元年錢鏐将兵自諸暨趨平水鑿山開道
五百里克越州

戰守

宋書孔顗傳顗行會稽郡事發兵叛太祖以吳喜等
東平會稽進軍柳浦諸暨令傅琰将家歸順喜遣

鎮兵叅軍沈思仁彊弩将軍任農夫龍驤将軍高志之南臺御史阮佃夫揚武将軍盧僧澤等率軍向黄山浦東軍據岩結砦農夫等攻破之（胡三省資治通鑑注）黄山浦即漁浦屬長寧鄉

（梁書侯景傳）大寶元年張彪起義於會稽攻破諸暨等縣景遣儀同田遷趙伯超謝答仁等東伐彪破之

（五代史吴越世家）中和二年越州觀察使劉漢宏遣将黄珪何肅屯諸暨錢鏐攻破之漢宏以舟兵屯望

海鏐出平水攻破越州

明史太祖本紀至正十九年己亥正月庚申胡大海克

諸暨

胡大海傳下諸暨守將宵遁萬户沈勝既降復叛大

海擊敗之生禽四千餘人改諸暨爲諸全州張士

誠將吕珍圍諸全堰水灌城大海奪堰反灌珍營

勢蹙於馬上折矢誓請各解兵許之郎中王愷曰

珍滑賊不可信不如因擊之大海曰言出而背之

不信既縱而擊之不武師還

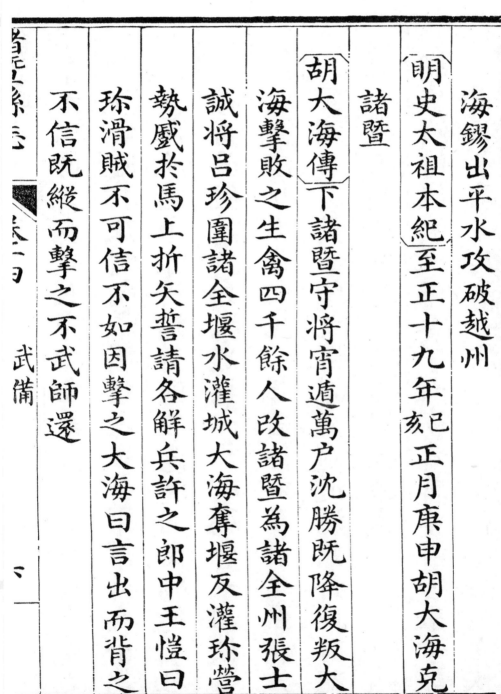

李文忠傳　蔣英殺大海以金華叛文忠遣將擊走之親撫定其衆總制嚴衢信處諸全軍事吳兵十萬方急攻諸全守將謝再興告急遣同僉胡德濟往援再興復請益兵文忠兵少無以應會太祖使邵榮討處州亂卒文忠乃揚言徐右丞邵平章將大軍刻日進吳軍聞之懼謀夜遁德濟與再興帥死士夜半開門突擊大破之諸全遂完

胡德濟傳　德濟大海養子大海為蔣英所害張士誠聞浙東亂遣其弟士信寇諸全德濟自信州往救

乘懈得入城與知州欒鳳判事謝再興分門守夜半出敵不意砍士信營破走之

太祖本紀二十三年癸卯四月乙丑諸全守將謝再興叛附於士誠

李文忠傳明年癸卯謝再興叛降於吴以吴軍犯東陽文忠與胡深迎戰敗之已用深策去諸全五十里別築一城以相犄角士誠遣司徒李伯昇以六十萬衆攻不克

胡深傳癸卯九月諸全叛將謝再興以張士誠兵犯

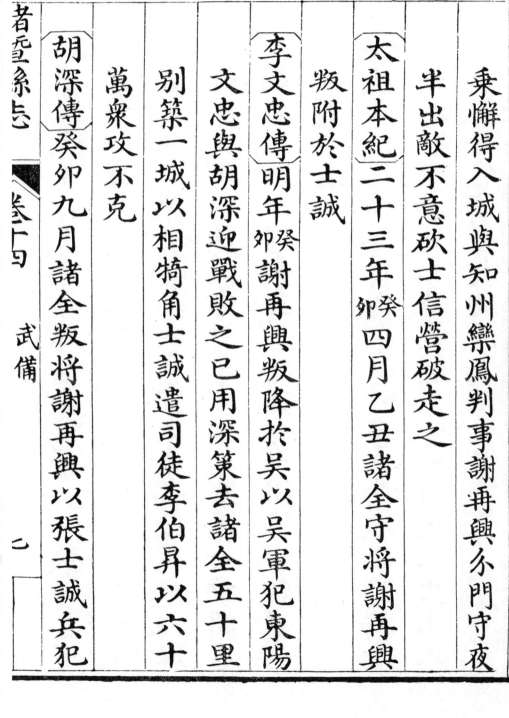

東陽左丞李文忠令深引兵為前鋒再興敗走深建議以諸全為浙東藩屏乃度地去諸全五十里並五指山築新城分兵戍守太祖初聞再興叛馳使諭文忠别為城守計至則功已竣後士誠將李伯昇大舉来侵頓新城下不能拔敗去太祖嘉深功賜以名焉

胡德濟傳 擢浙江行省參知政事守新城士誠將李伯昇帥步騎大入寇德濟固守乞師於李文忠文忠馳救德濟出兵夾擊大破之

太祖本紀二十五年乙巳二月丙午士誠將李伯昇攻諸全之新城李文忠大敗之

李文忠傳踰年乙巳復以二十萬衆攻新城文忠帥朱亮祖等馳救去新城十里而軍德濟使人告賊勢盛宜少駐以俟大軍文忠曰兵在謀不在衆乃下令曰彼衆而驕我少而鋭以鋭遇驕必克之矣彼軍輜重山積此天以富汝曹也勉之會有白氣自東北來覆軍上占之曰必勝詰朝會戰天大霧晦冥文忠集諸將仰天誓曰國家之事在此一舉文

忠不敢愛死以後三軍乃使元帥徐大興湯克明
等將左軍嚴德王德等將右軍而自以中軍當敵
衝會處州援兵亦至奮前搏擊霧稍開文忠橫槊
引鐵騎數十乘高馳下衝其中堅敵以精騎圍文
忠數重文忠手所格殺甚衆縱騎馳突所向皆披
靡大軍乘之城中兵亦鼓噪出敵遂大潰逐北數
十里斬首數萬級溪水盡赤獲將校六百甲士三
千鎧仗芻粟收數日不盡伯昇僅以身免捷聞太
祖大喜名歸宴勞彌日賜御衣名馬遣還鎮

寇賊

宋書褚叔度傳褚淡之爲會稽太守景平二年富陽縣孫氏聚合門宗謀爲逆亂淡之遣隊主陳願郡議曹掾虞道納二軍過浦陽江願等戰賊遂摧鋒而前

南齊書沈文季傳齊永明四年富陽人唐寓之聚黨分布近縣諸暨令凌琚之逃走寓之遣僞會稽太守孫泓取山陰時會稽太守王敬則朝正故寓之謂乘虛可襲泓至浦陽江郡丞張思祖遣浹口戍

主湯休武拒戰大破之

隆慶駱志唐咸通七年夏逆賊裘甫犯境至縣浦縣人史昭計擒之

乾符六年冬黄巢黨犯境聞有備禦宵遯去

天復二年春盜聚陶嶺吴越王錢鏐討平之

紹興府志宋嘉泰四年冬有盜金十一者號鐵彈子聚衆剽掠不可制賊黨稍卒謬傳其鬭死帥臣以聞已而復赵白塔湖中尋伏誅

明正統十四年枯蒼盜陶德二爲逆葉大山居民

乘時哨聚知縣張鉞討平之

嘉靖三十三年倭寇自仙居向諸暨居民悉逃竄畫周述學謂知縣徐樾曰諸暨人強族衆今雖逃不遠公下令則鄉夫可集兩關有兵賊不犯矣樾然之即步往東關時天已暮惟一老人來謁樾令諭居民衆遂至千餘裂衣為旗拆籬舉火鳴金鼓爇火砲喊聲大震令南關亦如之是夜二更賊至見有備遂由山徑入山陰境

隆慶駱志　嘉靖三十五年倭寇由蕭山入縣界經靈

泉同山鄉出東陽縣界去

〔章志〕崇禎十六年東陽許都倡亂蔓延暨地閉城七日民皆逃竄按院左光先遣蔣游擊平之〔明史陳子龍傳〕東陽諸生許都者副使達道孫也家富任俠好施陰以兵法部勒賓客子弟思得一當子龍嘗薦諸上官不用東陽令以私憾之適義烏奸人假中貴名招兵事發都葬母山中會者萬人或告監司王雄曰都反矣雄遣使收捕都遂反旬日間聚衆數萬連陷東陽義烏浦江遂逼郡城既而引去巡撫董象恒坐事逮代者未至巡按御史左光先以撫標兵命子龍為監軍討之稍有俘獲而游擊蔣若來破其犯郡之兵都乃率餘卒三千保南砦雄欲撫賊語子龍曰賊聚糧據險官軍不能仰攻非曠日不克我兵萬人止五日糧奈何子龍曰都舊識也請往察之乃單騎入都營責數其罪諭令歸

降待以不死遂扶都見雄復扶都走山中散遣其衆而以二百人降光先與東陽令善竟斬都等六十餘人於江滸

知縣蕭琦弭盗紀事

今上十有六年秋之季琦自水曹調外受命諸暨将趣駕鴻寳夫子倪謂曰暨巖邑也嶂幕阻蔽壤接邑有九路於諸路两浙門之爲歲多水旱憂比尤厲瘠民伺竊發願善爲之琦識而出冬孟及理即於民有切切之色眼於城眼於兵眼於倉若庫僉不可荒兼具牒請客有过之者人非石於人而子其木於官乎一之始興再之髙要四事報可輶軒已積書倪首水曹且唇為稽迄尚尋賤轍歟予曰操舟而覆胥溺幸不没終治若槳柁倫若衣袽風波何懲爲且風波非水民猶水也治民猶治其治水之具者愛養併力也厥本事治若標則城埋矣縣舊有兵按籍八百十有三抑堂上下邏乎樹義勇之名名之數計百數有三十數又有三而人尚餘八

爲合舊以會盈千之半兵差振矣有兵需食方區置以啖之而東陽之墟有弄兵者烽烟燎原許其魁也父老遮訴曰吾儔若畏慰諭遣之當汝衛并卒遮訴曰吾儔若饑慰諭遣之當汝飽然火矣益新賊炎兵凉可若何簡縣胥衙隸及郭之強有力又得千之半合前之半全乎千矣排門之掐其外爲兵倍餉亦如之楞不可苛飽以騰也滋費布忠推赤捐俸爲紳士呼紳士疾應民一呼亦應軍需悉屬之周子公訓焉縣是甲堅器選兵不缴得練以時乃偵又費矣偵宜百足宜急足宜善足有以厭之庶弗愛厥踵戒之曰汝儕爲遊目長耳毋訛口亂衆於是偵者屢若事以次廌得冦状頭搶疾告十日而下三城土之守有投瀨自湛者迺碁置習地分偵偵浦江者曰龍潭口賊矣偵東陽者曰鷺鷥嶺賊矣偵義烏者曰善坑嶺賊矣各去暨三十里許樹塞連援偵厥内應間日一至或一日數至曰十六都草塔市賊矣十七都烏亀山賊矣十八都梵惠寺賊矣陽塘閬之賊十九都也紫閬山

之賊十二都也咸稱兵應許修古作逆者故事白馬祭天飲血數升其黠者黑王三猴已沐矣伺令出崴冠麾群吏耳其健者陸進十骨騰肉飛力能超距羽黨千餘衆聞言魄怖環足而立余一笑以妥之釋適心也旋聲言以堅之曰巢迄于覆卵翼惟我萬一窮蹙腐髮朽齒耳爲亡人以倖免罔即踈老之地上頭壽面天亦何行如之時慘息四布僞耗皇感臺臺使君憂之授意公亮張公年君角巾鹿裘間行徼訊過余暨悉得所偵狀返命行而予無暇止矣厲兵鼓衆伏劍躍馬入出卒日數十迴隆冬嚴寒犯風雨衝路霜遇雪撲面或反舌嚼之噎飯吐哺沐握髮昔人以待賢玆以待賊乎噫更進兵民而勞撈曰有脚城汝也不二初終無虞決裂咸稽首曰敢弗用命相與翼益力登埤董守鼓鏜然有聲鑼而邏者夜縄日響徹遐外弓刀咸出併口雷吼壁壘具張爲如偵者言龍潭口善坑鷺鷥兩嶺皆居要道介馬親馳勉其地之父老子弟循保甲法以自扼村落聲振若杜隙然鼠不敢

圖壁如偵者言諸都伏戎躭躭輩出榜一令曰家自為藩能生致賊来者能死致賊来者貿首以金傳授方畧時黑王三而外死致者近百級趙生光而外生致而杖斃者百餘級陸進十而外陣戰艾稿生致而要領不屬者十數級殲黑王三戲吊之能叔敖予歟殲陸進十競賀爲不豹虎噬矣方艾此諸寇城司者忽曰門之東弇小輿至止者三閉不可啟覘之則郡大夫武貞余君巽倩馬君邑大夫武懿駱君也啟闗納之慰勞款款機畧得未曾有因述耳食暨遂祭天把醪會風雨暴作漆漆如陰房舌卷於喉誓不成聲今若爾君之霊也相喜折別客曰三君為重地来偵子堅瑕子計得矣獨賞人殺人將無有嘗者以賊為市乎且有以非賊為市者乎予復榜一令曰魁已殲獲醜必縱先是一不素偵者眼張舌舉手指一向色如土問曰賊至乎點首而已躋堂而視緩急者若鱗笑遣其人急偵則我兵潰而過也每偵至咸聚族以望顔色予示以霽謂無患摇臂而去知予之面者也走急

告于上不代手草書大書弗為嗔時楚賊犯予吉烏即媚雲能無巢顧予烏危坐指麾忽家幹至泣語賊陷城矣狼狽萬狀布尺間次子且為逝波勉強卒事不知涕之淫淫下會告急即刷泪從戎然毀顏而骨立矣父老擁馬首曰瘠矣憊乎好道之曰寧因一子棄汝衆子哉越日策馬將出一少年抵頭曰所恃為天羸至此乎願强飯自愛言竟涕橫如雨撫其背曰何子之情也收汝涕會有告急即馳去不辨何許人父老擁馬首曰冦移金華少遼緩客兵道暨民苦兵予請于臺使君曰兵至行資粮坐資糗乃不冦自代禁切之願得行朐臆使君號曰兵累民令其便宜以聞每預兵至郊迎輿主弁約遺毒法無庇業有請遂衬鮮如篦時卧子陳年君以監軍至至即行公亮張年君以監軍再至檄兵止暨凡五越日夜中之夜歲新故代烏剪燭劃畧目不交睫雞鳴肅衣冠禱於上下無别致詞急此賊爾公亮從前後悉予苦為作歌口落筆走予曰唐突西子哉時有暱予來言者冦在門庭

細在肘腋不隱將為變予曰力能殺我則殺之堂無人堂門無人門細亦憚不敢發有怖乎來言者拍使授意之人伏賊之舊也無漏言予曰竪哉以賊伺賊以賊攻賊未之前聞乎不猜心亦遂革面應卒加斯者未易更僕婺大夫端公姜君以婺急迄歸返過暨親烽突陣道狀甚悉時許賊方成擒暨紳揖而勞予士則急拜民亦頭垂垂下爲予曰當事辦賊余鹿鹿事因成爲守解嚴矣幸無罪敢徼色于此哉祈與暨寬文法緩征索收拾散亡特建營房以練兵薄捜寇田以給工為善後策百畫以几一當獨自憐憶出不蓋入不爐食不聊腹衣不解帶者五十朝昏其焦唇禿頰槁面枯心猶可言也家破子喪一淚不暇尚忍言哉泣涕闌干因捉筆紀事簡憐予苦非耀能也至佐貳襄勞武弁著庸紳之忠義士之倡和民之怨後逸其名不書別書之特書之保有兹土不以賊遺君父分也于琦何

書

〈章志〉順治四年九月山寇入城燒毀縣堂典史郝朝寶教諭方杰俱被害知縣劉士瑄請兵勦之

〈陳洪綬盜賊詩〉其一 不得為君子可憐就小人縣官敲骨髓將帥沒周親聊緩須臾死寧知終喪身金雞何日下相率復良民 其二 淳邑新為盜使君故食人處心圖縣令藉口號頑民白刃既如意黃金復等身繡衣今按法怨氣頗為伸〈自注〉縣官既逼民亂即潛移家人苞苴城外請兵勦滅數千家俘婦女亦數千人復盡藉縣中居民商賈猶不足藉及鄉民至數千萬古今史藉所未聞也 其三 皇天憐暨邑御史出長安代作生民主先因酷縣官鋃鐺囊首惡縲絏貫羣奸盜賊應知悉投戈或不難〈自注〉官下司獄司胥吏縛去至百數人亦大快也御史秦公也謹按浙江通志秦名世禎遼東人順治四年任巡按御史

章志順治十八年八月山賊楊四等作亂巡撫朱昌祚署守道知府吳之樞勦平之

閩浙總督平定浙東紀畧

國朝封吳三桂平西王尚之孝平南王耿精忠靖南王吳以滇反尚以粵反耿亦於甲寅三月廿四日耀兵仙嶺直犯浙東伏莽探丸輩各授劄偽都督朱德甫陷諸暨據城自守

康親王赫然斯怒命隨征同知姚啟聖統兵進攻大戰於紫閬山賊衆潰散偽都督恃其驍勇領兵後

殿姚啟聖奮擊之斬於陣上餘各披靡定遂復諸
暨縣
康親王料賊兵之散也易其合也亦易留兵四百名
命姚啟聖鎮諸暨縣僞都督王山僞總兵楊芬生
盧楚佩等果乘虚率僞兵三萬七千五路侵犯姚
啟聖孤軍力戰左右衝突如入無人之境將士効
命亦無不一以當百大敗之於楓橋斬獲不可勝
計
（章志）康熙十三年三月湯良四倡亂聚衆千餘巢于

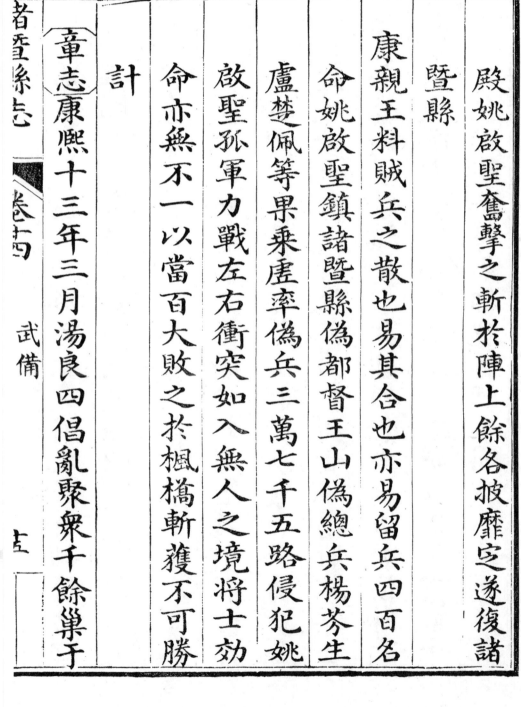

店口之梅樹塢四鄉不軌多附之肆行刼掠防官往勦敗衂後遇客兵襲殺良四餘黨奔竄四散至秋復聚

七月六日賊首楊六陷城是年旱魃為災稻麥不登四鄉姦宄秉耿逆倡亂括蒼甌婺一路弄兵蔓延及暨六曾充縣役犯盜繫獄夤緣得脫招集亡命焚刼凰儀樓時官兵聞報倉卒出勦賊偵知兵出城虛由小徑掩襲城遂陷据城五日賊黨數千行犯郡城路遇喇都統督師入閩賊以為勦兵也

持戈直前害牛彔一人都統鼇衆撲勦遂斬楊六於黃公閘羣賊潰

八月二日賊復破城是時渠魁雖殄餘黨猖獗益盛何九嘯聚於東朱成龍掠於西李晃如翁與均等各建旗號衆至數萬邑令防弁赴府乞師賊覘知無備擁衆入城恣行刼掠官兵星馳赴援賊方釋甲酣飲砍殺及踐死者過半城遂復

九月二日賊朱成龍擁踞紫閬界連富陽蕭山浦江諸暨重巒險峻常為盜藪白方兵入越周凝甫

石仲芳倚為三窟成龍入占其地擁衆萬餘潛通
叛帥曾養性徐上朝等窺伺衢嚴浙東震動時
和碩康親王初下浙遣撫不應遂發諸路大軍進攻
牛嶺蒙叢險隘騎不得前又攻長青嶺自晨抵暮
不克適順風大作縱火焚之賊遂大潰賊四十二
營分守隘口望見老巢火起皆鳥獸散紫閬遂平
初邑長新蒞見賊日盛倉皇申報稱西路皆賊以
故半邑民居悉遭焚戮被擄婦女一萬七千有奇
後經冊報在部

十二月十六日斬賊首朱成龍於二十都時紫閬

雖破成龍未除聚賊萬餘流毒暨浦之交

康親王遣朱别駕賫諭招撫成龍斬持諭胥役三人

負固不服然其黨陰有異議潛出投誠日盈數百

成龍勢孤尚拊心切齒於二十都團練堅壁不開

誓且一雪此忿於是空穴而往團練見賊衆氣盛

潛避山隈間賊入其地闃無人蹤甚喜舍戈卸甲

大肆搜刼負貲既重且醉且飽團練窃窺成龍單

行無備從傍截殺成龍倉卒無措攢搠刺之立斃

於岩坡之間羣盜遂息

古之民皆兵也鄉遂率之司馬掌之人皆習於兵革而不疲於征戰無所謂武備也至兵農分而都會郡邑始各有統之者大要訓練於平日整飭于先時云有以備之而已况暨地多崇巒險峻易爲盜藪

國初時草竊姦宄常蘖生竊發於其間顧可無捍衛與今制有駐防城守而以保甲佐之其亦司馬之法爲爾　沈椿齡識

諸暨縣志卷十五

水利

暨山邑也而苦澇澤國也而苦旱旱欲其能蓄也不則饑澇欲其能洩也不則溺司牧者將爭民於歲勤而無所如彼築室於道謀是用不潰於成可慨也自宋以来凡有利於暨者吾暨人每思而不忘前明如青陽劉公德澤洪茂深乎洋洋至今尚尸而祝之其所著經野規畧一書錄之特多竊以為前事之師無過於此志水利

江

紹興府志諸暨上下東江上下西江浣江受諸溪之水皆可灌田詳見山川

明史河渠志宣德十年主事沈中言山陰西小江上通金嚴下接三江海口引諸暨浦江義烏諸湖水以通舟江口近淤宜築臨浦戚堰障諸湖水俾仍出小江詔部覆奪

明史河渠志正統十二年浙江聽選官王信言紹興東小江南通諸暨七十二湖西通錢塘江近為潮

水湧塞江與田平舟不能行久雨水溢鄰田輙受其害乞發丁夫疏濬從之

謹按麻溪故道不通已久勢不可復如上二條固吾暨之利也錄之

紹興府志宋乾道八年諸暨水泛溢詔開紀家匯浚蕭山新江以殺水勢蕭山令張暉以地形水勢列疏上之時安撫丞相蔣公主諸暨之請暉力爭不可議遂寢

浙江通志浣江出縣界地勢犬牙水至此盤渦不瀉上游潰溢知縣劉光復欲直其江以地屬蕭山率

民夫百人一夕開通謂之新江水患大減

謹按新江雖屬蕭山實諸暨水利所關留心民瘼者并宜加意焉

湖

水經注諸暨夾水多浦浦中有大湖春夏多水秋冬涸淺

浙江通志七十二湖其名不一並湖之田皆稱湖田詳見山川

萬歷紹興府志泌湖舊以蓄水不田故不陞科無居民故無圖里後沿湖居民漸據為田日復一日致

有大獲利者官司惡其不法每案奪之黠猾者復以他糧飛灑其中為影射計官司清查不能得反以額田為湖於是十三處之說興焉十三處者田十三處也民以為田而官以為湖大率未必皆田未必皆湖也上下相持告訐盈庭紛紛者三十餘年嘉靖甲寅知縣徐樾勘之曰除十三處尚足蓄水與其奪民之田以為湖孰與以湖為田乎民賴以寧未幾有議聽民佃湖為田以其值造城而十三處復在佃賣之中民復譁然曰田則佃矣吾糧

焉往縣因為丈量槩縣田土曰爾縱有糧患無往乎民不得已聽之而價值又或不能盡當慊小因之投獻豪右始多事矣後又逢豪右意為每畝賦米一升而不役得田皆視為世業築塘圩蛛網其中悉成膏腴而時或霖潦水無所洩近湖良田反憂魚鼈其甚則泌不能自保而又議編他都民為圖里不知何說

隆慶駱志 舊說暨水每為蕭山害元時因以泌湖蓄水而責其稅於蕭山夫泌舊湖也從何而稅之如

果有之既為湖則必落其籍縱責稅於彼明初則壞成賦必有大體而乃承一時之頒制或未然歟

宋史浩奏

比蒙聖恩特遣中使到臣屬州訪問水澇去處已即時具奏去訖臣為郡無狀使旱澇失常上貽聖慮不勝惶懼臣比差官檢視惟諸暨湖田被水民間禾稻皆以淹没至有拆毁屋宇出賣家具欲為逃亡之計者盖恐將來稅賦有司或不加卹不得不出於此也臣遂急差觀察使趙公遇星夜前去覆視仍出榜盡蠲全稅其被水之家借支義倉賑卹使不至于流移伏乞稍寬顧憂臣所領州為縣有八其他七縣皆報大稔惟諸暨聚天台四明寶婺數百里山谷之水止有錢清一江以洩之故人於縣之四旁立七十二湖以瀦此水故無泛溢之患歲久所謂七十二湖者人皆佔以為田遇雨皆歸七十二湖侵捐所種之苗然則非水為害民間不合以湖為田也是故諸暨

為縣雖四方大稔時和歲豐常有流離餓莩之憂
深可憫憐今湖田不可復諸暨湖田之民歲歲懷
憂人人受害不敢以不告　詔委史浩委諳湖田
利害差官相度措置申尚書省乾道四年八月
史浩再奏諸暨為縣當台婺之末派每歲秋潦水
必泛溢故人於縣之四旁作七十二處
以受此水歲久湮廢人佔以為田昨因經界法行
官吏無卹民之心將湖田作籍田打量計二十三
萬五百二十畝有零秋米總八千八百七十石有
餘夏稅鈔絹內本色折帛改作苗米中色價紐計
米三千二百一十七石二斗七升五合并添入管
苗米二千八百五十石四斗四升六合五勺二項
共計一萬二千八十八石二斗六升一合一勺於
上共折帛即無虧損見降付户部許令紐折施行
詔紹興府將前項紐計錢省倉中界現行糶米
價值作二貫零九十九陌折納米一石添入每年
認發湖田米施行
乾道五年七月

明黃鐘泌湖議

諸暨之湖七十有二諸湖丈量陞科供辦粮差惟獨此湖田宋元及我國家相沿為湖而不以為田者此必有說其常相度其地審視水勢諏咨羣議則此湖斷然為湖而不可以為田也何則縣東之水發嵊縣山陰會稽諸界無慮千餘條皆注此湖而浣江發源浦江義烏分派東西兩江而又會流于三江口三港水道狹小旱乾之時兩江之水由三港舒徐順流入于錢塘若有霖雨崇朝則兩江之水暴漲壅淤於三港而其水反從東南逆注于此湖則此湖誠為衆水聚蓄囊貯之所若據以為田則必有壅塞懷襄之患而暨之為縣大受其害矣歷代以來中更老成定慮者不知其幾卒棄膏腴以為官湖而不以為田者非其見事之晚利害較然勢有所不可也

海

舊浙江通志縣去海百二十里

明知縣朱廷立海塘或問

或有觀于越者問于兩厓子廷立曰入子之境而聞海塘之議議誰為也廷立曰瑞泉南子也曰于舊有諸曰有有奚瑞泉南子也曰塘備海潮也近海之人築之舊有也率諸暨之民往供其役著之籍使世講爲則瑞泉子議也故曰瑞泉子也曰議行乎曰他邑行之矣曰子勿行與奚薄瑞泉子也曰弗行也者厚之道也非薄之謂也瑞泉子有言曰使民者佚民者也海塘之議有佚道爲其勿便於暨之民者有司未有以其故告瑞泉子也曰敢問其故如之何曰暨間于山湖之間者也暨人闢湖為田而病於潦也是故有事於圩猶夫近海之人有事于塘也今也使之釋圩而之塘吾懼夫塘未成而暨其沼矣民孰便之惜瑞泉子不聞是也如其聞之則將曰暨人亦吾民也而吾於近海之民何私爲則議朝出而夕罷矣而奚有于是乃

若予也于所謂故則既見之矣而復為議之從是瑞泉子以佚民之心望夫人而夫人以勞民者事之也不已薄乎故曰不行也者厚之道也非薄之謂也曰當道者是其議著之籍使世講之法也子之言情也將廢法耶曰君子之于民也順而卹之存乎情懸而示之存乎法法固不遺情而情固不廢法也子見之晥耶或者瞿然揖而言曰譁矣子之言也而可少哉勉也予吾望子之不徒譁也

埂

明知縣劉光復經野規畧 上江東岸 萬定埂 王家門前七家埂 上塘郎埂 下塘郎埂 正廿七都廟後埂 官塘埂 前山埂 包家埂 廟前埂 丁家埂 神塘甽埂 蘇園埂 大園埂

黄家井埂　金村埂　窯口沙塘埂　杜家埂
中湖水埂　下湖水埂　吴郎庄埂　墳塔埂
霍家埂　橋頭湖埂

經野規畧上江西岸　柘湖埂　前湖埂　白塘湖埂　宣家湖埂　上庄湖埂　下庄湖埂　安家湖埂　兹橋湖埂　五湖埂　苧蘿下首埂　道士湖埂

經野規畧雙港河直下一帶　正廿七都小港門前埂　祖宅門前埂　闞全湖埂　上洋湖埂　下

洋湖埂　趙郎湖埂　毛村湖埂劉光復碑亭埂趙郎毛村等湖

記縣上碑亭趙郎毛村等湖頗稱沃野巨族數姓錯處其間皆自今樂有恒産毛生曆卿郭生辰星等請文誌不朽余竊聞老氏之旨上以名炫下不若示之法守下以名歸上不若從其教化當道禁示彰彰爾往鐫之俾父老子弟恪遵勿替　蔣村埂

經野規畧街亭以下一帶　正三十四都婁家埂　三十三都陳村埂　翁家荷花埂　張村埂　孫家橫埂　大樟樹埂　大路埂　七十二都丁橋埂　廟前碑亭半爿埂　上綱廟陶家埂

經野規畧山後河東岸　水磨堰埂　黃蘭畈埂

石井畈埂　卸湖埂　西景湖埂　留仁荒湖埂

徐家湖埂

〔經野規畧〕山後河西岸　牌畈芝蔴埂　金家湖埂

沙塔湖埂　黃家湖埂　新湖埂　楊家湖埂

馬塔湖埂　月塘湖埂　朱俞二湖埂　合家湖埂

〔經野規畧〕太平橋下東江東岸　窰口塘埂　黃家墩埂　高湖埂　湯家湖埂　巉頭湖埂　童家

趙家湖埂　落星湖埂　壽文肆拾捌新湖埂

上竹月湖埂　中竹月湖埂　下竹月湖埂　木陳湖埂　吴墅湖埂　婁家湖埂　新大圩埂　山後湖埂　孫山湖埂　下東埂　四湖共築石米横埂　草湖埂　新湖埂　金竹塘湖埂　馬塘湖埂　白塔湖埂　歷山湖埂　蔣湖忽覩湖埂　横山湖埂　吴湖埂　上金湖埂　下金湖埂　新塘裏埂　新湖埂　吴家櫃埂　下湖埂

〔經野規畧〕太平橋下東江西岸　廟嘴埂〔劉光復大侣湖廟嘴埂記〕縣下大侣湖約田二萬畝并東西横塘朱家等湖以十數總計粮田千頃居民萬竈通邑賦其

收否為豐歉自茅渚埠廟嘴埂至三江口直透七十里環而匝百有五十里獨廟嘴埂兩分要衝寶婺萬山之水由太平橋下奔突勢甚湍猛曩時埂地数畝上有江神廟復廿七年初至廟前猶可輿行下視单削四顧田廬怔怔警念不自已適獲捍箔河中者拆其椿竹釘護此埂比年大水得無恙次年椿竹竟成烏有廟址又半落波頹遠邇大懼議甃石為固呈之當道屬復事事復以入覲不欲錢穀經胥役手令酌遠近分派丈尺責成各湖圩長湖民俱躍然赴工無一頑梗幸今就工查剩金六十餘兩買埂下田二十畝歲可收穀二十四石爲累積有方而無或漁蠹其中尚可為補舊之資時董事圩長耆民石齊四十七等皆令書名于左

花園埂

劉光復花園埂記大侶湖自茅渚東下里許即花園埂其埂自萬歷十三年洪水衝後屢築屢倒田被沙沒者二百餘畝洗而為淵者亦百餘畝已亥仲夏雨潦大降埂復衝壞時歲歉民饑倒缺沉甚居民咸謂功不可幾余臨埂名

圩長問以湖中事情按籍得本埂田多若袁忠百
十七等五人引抵埂所謂之五人各唯唯願身任
其責二旬而功半踰月而底績壬寅孟秋月杪淫
雨連朝余親率役人往救沙埭埂夜半忽報花園
埂破馳往而水入濤濤有聲至則袁良百九十七
郭慶二同二三工人拽小舟傍埂號呼余擇善泅
者没水尋孔實令輿人及從役魚貫捧土實潭内
況以塞之幸得無虞自是歲歲加築三倍於埂所
搆屋台人以備非
常勒碑以垂永久　源匯埂　和尚灘埂　張家新
湖埂　戚家湖埂　戚家湖下壽匯湖埂　東橫
塘湖埂　朱家湖埂　東黃家湖埂　東京塘湖
埂　泥湖埂　東大兆湖埂　霰漁湖埂　西施
湖埂　魯家湖埂

經野規畧

太平橋下西江東岸

沙埭埂　劉光復沙埭埂記：大侶湖沙埭下廟嘴埂，里許，去縣五里而近。己亥孟夏爲洪流衝破，比年築就。壬寅仲夏復被衝，埂倒百七十丈，淤田三百餘畝。埂下居民號呼無措，闔湖皇皇，虞失秋。余約日召圩長畢集，丈分倒缺，半屬本埂，半屬通湖。余自募夫築數丈示之式，又早宴馳往督役。工未六七而驟雨連朝，水大至。余乘舸抵埂所，圩長撫膺泣下，湖中有負釜而奔避者。余謂蹙額待潰非策，不若盡力救禦，其濟否則天也。圩長許諾，糾集數人就埂下搬沙壘築。余載酒致餽，親立賞格，輿隸捕快咸荷鋤列炬，人人用命。凡兩晝夜，俾保無虞。湖民秉時奮功，高堅遂甲于他埂。圩長蔣加七十、三蔣加六十、蔣都三十二等呈請勒碑。余聞邑中有大侶爹、白塔娘之謗，所關非渺小。不備不虞，災之招也；無恃不災，恃吾有以待其災。預圖爲上策，爾等識之。

余村埂

大侶湖周村埂

楮木

埂　西橫塘湖埂　西朱家湖埂　西上黃家湖埂　西下黃家湖埂　西京塘湖埂　何家湖埂　西大兆湖埂　黃潭湖埂

〈經野規畧〉太平橋下西江西岸　北庄畈埂　張家埂　邵家湖埂　酈用賓小湖埂

劉光復祝橋湖開河記　暨城北出里許有張家畈東賀湖各田爲千合沈家湖三者連為唇齒轉向西南一望湖以數十計大者千餘畝小者數百約三萬有奇沈家湖田不三頃獨尾諸湖之下而當其衝富陽千溪百澗之水由五洩奔騰百里而来至此阨不得驟瀉則泛溢上流一被衝沒諸湖全無粒入本湖田少埂多屢衝患重内二湖又謂此埂不固怨尤之居民徬徨特甚咸指對江匯地為祟願竭力開洗導流西行余紿

銀四兩零買地界民時壬寅各湖興築未暇及癸卯冬以予入覲輟議甲辰之秋湖民相率請畀前功各湖以次受成皆如期力作予時親臨指督連上河東廻瀾西下越月而既事乙巳春連兩彌旬水遂委順無害鄺生用賓謀勒碑乞文識不朽 東大湖埂 道仕湖埂

新亭湖埂 黄官人湖埂 廟前湖埂 陳家湖埂 上蒼湖埂 下蒼湖埂 象湖埂 黄湖埂

郭家湖埂 和尚湖埂 秀才湖埂 潭湖埂

車湖埂 張麻湖埂 朱公湖埂 朱公外湖上浦埂 賈庄湖埂 橋裏湖埂 連塘湖埂 江西湖埂 浦球湖埂 湄池湖埂 南湖埂 下

畈湖埂　楓山湖埂　神堂湖埂

經野規畧申詳立碑示禁

一禁蓄樣已砍竹木蔽塞江路

一禁江灘挑埂圍墻阻礙江流

一禁夾籬栽茨侵截埂頂通行路及東西沿江官路

一禁埂中起甃窰造厠屋致易衝塌

一禁鋤削埂脚致單薄悞事

一禁埂上栽種蔬荳桑桕果木陰圖據爲己業

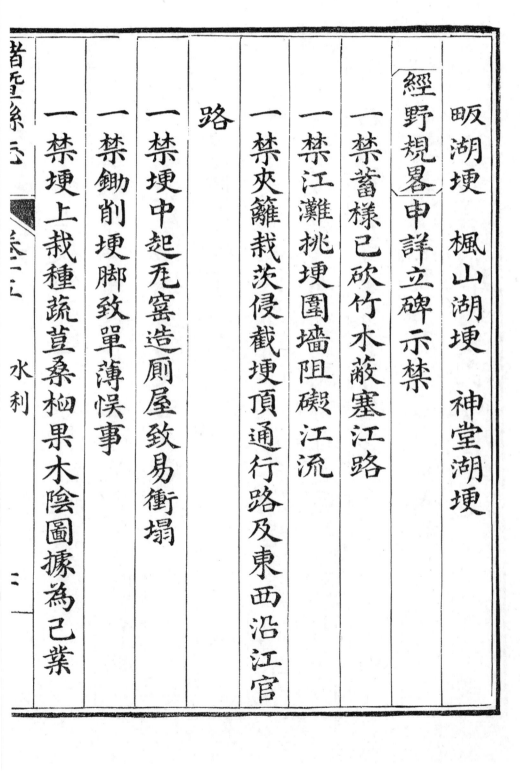

一禁報陞埂外隙地江灘潛行挑築蔭樣
一禁承佃已買過水田地及追還各義塚官地
一禁造屋逼狹以鬧埂路江路
一禁匯湖通窰放水大湖
一禁東西兩江槩縣山溪并各湖港瀝毒流藥魚
一禁置立私窰如繫關當置者俱要堅築内外用
石砌繫承當管守不得悮事
一禁各河港及湖瀝插箔截流捕魚
一禁砌築魚埠致激浪衝射圩埂

一湖内瀝基及埂外過水溝缺俱不許侵佔

一各湖竊閘不許乗水佈袋裝笱捕魚致灌没田苗

一夏秋兩季不許木客堆簰捆三江口及河中致壅水泛濫

一禁侵佔各湖蓄水官湖

一禁侵佔承佃淤漲舊河基

一禁埂脚下開掘私塘

一埂下不許牽罾脚網撿蜆

堤

萬歷紹興府志　家公堤在長官橋邊宋縣令家坤翁築

明胡學詩　浣東城外家公堤春風冥冥花淌蹊青山浮黛淨于洗白波縈練清無泥村墟人烟渺不極桑麻雨露深如織百年耕種樂民居始信家公著奇績道旁碣石樹穹崇題名欲與長官同輕塵一騎雨初歇勸農太守行花驄

趙仁詩　家公遺築距清灘欲訪殘碑草莽間酤酒人歸紅杏市捕魚船出綠楊灣水生南浦含春色烟抹前村變夕斑父老又隨賢太守薰風隄上勸農還

塘

浙江通志湖塘在縣東二里唐天寶中令郭密之築溉田二十餘頃

堰

浙江通志楊柳堰在二十五都黃瑩建　呂浦堰在孝義溪　巖頭堰　孫村堰俱在開化溪　街亭堰　王村堰在洪浦江　鴨子堰在義烏溪　牿牛堰　石砩堰　泗村堰　永昌上堰在楓溪　永昌下堰　鐵石堰　丁家堰　宣村堰　黃甽堰俱在楓溪　仕堂堰在二十七都黃家山下黃巘廷立　魚籠堰　石壁堰　黃沙堰俱在干溪　石盤堰

王堰　石井堰　祝橋堰　跨湖堰俱在五洩溪

蔣家堰在真如庵前　便堰在緊浦溪　考溪堰　張家堰在雙溪

閘

〔浙江通志〕南門閘在南門外　縣湖閘　馬湖閘　茅渚步閘　洋湖閘　闞全湖閘　黃公閘　南湖陡疊閘　了山上閘　了山下閘　五浦閘在大侶湖以下

五閘皆明萬歷間縣令劉光復建〔鄧謐大侶湖利民圩閘記〕暨處萬山之會臨江匯之濱一雨暴集則衆壑爭流波潮漲溢則下流壅滯以數版之勢遏巨壑則又頃刻千里涸可立待是暨之水患無

以洩之又患無以注之故築圩為湖者七十二先民之為水備者遠矣至大侶一湖關係最要其成功最難芧渚合流之水分溢左右兩江橫波巨侵勢甚猖狂如戚家橫塘等七湖皆屬下派尚防洩非宜民之魚鱉也者幾希矣萬歷乙未尹侯請之當道率民分埂效力闕者補之卑者益之脆薄易潰者堅築而厚培之鄉子潭增置一埂以絕浸淫漫連之患五浦閘新增一閘以殺齧足剝膚之虞相土審勢程度權宜不踰時而告成功焉斯役也丞田君同井簿華君一孝尉周君天賦皆以時巡閲于湖有力若耆民孫宏六十六張立七十八等則領其事而始終其舉者并記之俟名從淑字道傳別號又方丙戌進士三巴人

廟嘴埂閘

白塔湖埂閘

劉光復白塔湖埂閘記縣東江下六十里有白塔湖通瀝山湖包括八十里糧田四百餘頃兩鄉六都之民不啻千落皆待命于兹水所從洩惟陡亹一閘潮来灌閉終朝縮不盈寸高上三無兩登低下十不九揷啼

號困苦此湖稱最已亥歲仲夏予親踏勘相其地
形三面阻山獨一面臨江約田三萬餘畝埂僅一
千三百三十六丈計田分築畝不半尺于是揔湖
民而訊之田多者為總圩長次者為小圩長兩鄉
定界依畝分寸湖民亦思及時成業埋鍋就食野
宿待晨予旬一臨視民益懽忻忘勞次年壬寅夏
大雨匝月各湖遍沒而白塔獨無恙得收早穀數
十萬斛民益大喜過望於是剏上新之閘剷江中
之石開西施之河鑿蔣村之匯凡打主頭白水潭
大坟小坟夜城荷花蕩陡亹口諸患處倍加功力
瀝山湖圩長亦洗對江灘造固埂擺予用此湖之
民如蔗將軍驅趙兵予何日忘之總圩長六人小
圩長五十人勤勞三載凡丈量編冊
管閘迭供命効力之人書名碑左

朱公湖埂閘

〔劉光復朱公湖埂閘記〕縣下西江三十餘里有朱
公湖額田一萬三千零環匝兩舍之地三都七圖
之民居廬耕鑿其中圩埂舊分上中下三浦修築
湖民之有識者謂上下二浦沿江一帶計埂一千

三百九十餘丈歲衝突無常蟻穴為殃而萬家徬徨稍內連山補隙不過二百餘丈防救甚便猝有暴溢可保無虞近江居民則不欲獨當其衝託堪輿家言以爭屢議屢格輒不能就壬寅夏圩長史學九傅長四十三姚福八十七等公舉剏內埂便諄諄懇悉予與訂期臨湖酌之及到湖熟視而外埂五倍于內其勞逸不敵也外田九百畝不失舊物內之踰萬可成膏壤其大小不敵也外湖穿而易注即有非常水患不至衝淤過甚內埂山依為固斷隔江濤永免陸沉其利害不敵也義從民便無俟再計料錢買址畝不二分計田授工畝不三寸民咸訢訢聽命獨沿江人夥而誤首事者皆踧踖旁觀莫敢攖其鋒余名一二長老謂曰若輩意何為曰為不利于廬墓余曰無論方術不足信即令爾居在前而後蔽風寒爾墓向右而左固地氣皆稱最吉又何訾乎吾求利百姓姑貰若騃兒懷私梗令法有常刑毋自悔聽者感悟羣趨叩頭願受成于是佈約束示方畧二旬而往按功崇墉埒

山連串若貫珠然向之言不便者皆稱大便矣更詢湖中諸利弊衆曰內水難瀉低田歲苦無收余視其閘口形高而閘門又為石逼募工直鑿下為石閘而去其木閘劇劈兩傍壁立門得洞開上加橫石高闊倍舊更給下浦工費修砌舊窯完固湖中瀝河多為豪民侵築成塘壅塞為害俱查追還官截樁攤壩下浦之埂通湖照田分培下橫埂又與橋裏貫庄二湖共築仍買田若干以備閘費為經久計沿江居人亦各隆其埂凡捕魚侵牟諸弊俱申飭嚴禁民遵義不犯遂無復阻汝之患比年有秋遠邇咸懷樂土此一役也首倡義謀利賴一方姚學成傅長四十三史學九趙元九十黃寧三十五等夙夜董事凡在奔命宜並書名以為後勸

高湖便閘

〔劉光復高湖埂閘記〕縣下東江二十里許有一湖環繞四都六圖山田數百頃湖田一萬二十餘畝湖中之窪而易沒者又復踰半沿山沿沚溪澗無慮數十即新店彎古櫟橋趙毛嶺三大川兩注時沸騰若江河然不終朝而

數十里茫茫巨浸矣邉江上下計埂九百四十餘文户田有多寡率推避圩長亦苟且塞責以是屢年無秋歲壬寅夏五月大雨清水潭埂衝洗沉淵湖民大恐余臨湖名集圩長曰爲之奈何方兆百三十三等曰舊挨門分築予曰築埂衛田論人户非是宜令照田民從之匝月而塞淵成山又通埂俱壘土培舊不俟鞭策之頻加也先是閘石崩陷湖民呈之官議修造而未定及埂成田高者以外水可御欲息肩田低者謂内水不出伊等仍遭汩没同功異患當不其然況修與剏較費無大懸舊兩洞各濶六尺今改加二尺爲各八尺甚便利予不忍力均而偏苦也則聽低田者議予又曰孰任此方兆百廿四方兆百三十三進曰照里立十三總圩長各領三小圩長使照田採石集工費某二人夙夜董其成毋敢懈予察其能足辦事也則舉而委責之自秋徂冬河乾不能運石無可督促春水稍長懼功之不就卒然馮夷爲虐而貽通湖殃也頻頻至止洊勵督率祈即成無患比架横橋數

層仲夏初驟雨連朝外水大至亦不能為患内水暴漲五日而瀉盡減半鄉時髙田稱上上低田增早穀二千餘畆晚稻闔湖全收惟願爾民念前勞儆無虞僉謀一心甘苦同力庶免異日之害亐其為不孫也夫

水碓

〈萬歷紹興府志〉水碓諸暨山家多有之藉水之力以舂有三制平流則以輪鼓水而轉峻流則以水注輪而轉又有木杓碓碓幹之末刳為杓以注水水滿則傾而碓舂之唐白居易詩雲碓無人水自舂是也又水磨以水轉輪以輪轉磨又水車置流水

中輪隨水轉周輪置大竹管經水中則管皆滿及
轉而上管中水乃下傾用以代桔槔制皆機巧韵
書水碓曰轎車

諸暨縣志卷十六

職官

職官有志題名云爾而核實維嚴諸暨自秦始建縣或稱令或稱長若尹
皇朝仍明制稱知縣莫不於民有師帥之責爲是其人則頌非其人則誹豈直一世而已哉謹載東漢張敦以来據其可稽者列而次之或賢或否粲可數矣縣佐有分理之任學職爲掌教之官亦皆以次分載庶幾涖斯土者尚克樂循法也不失職也志

職官

官制

漢書百官表縣令長掌治其縣萬户以上為令秩二千至六百石減萬户為長秩五百石至三百石皆有丞尉四百石至二百石是為長吏百石以下有斗食佐史之秩皆秦官也

後漢書百官志縣大者置令一人千石其次置長四百石小者置長三百石皆掌治民顯善勸義禁奸罰惡理訟平賊卹民時務秋冬集課上計於所屬

郡國

後漢書百官志丞一人尉大縣二人小縣一人丞署文書典知倉獄尉主盜賊

晉書職官志縣大者置令小者置長有主簿錄事史主記室史門下書佐幹游徼生循行功曹史小史廷掾功曹史小史書佐幹户曹掾史幹法曹門幹金倉賊曹掾史兵曹史吏曹史獄小史獄門亭長都亭長賊捕掾等員縣皆置方畧吏四人部尉大縣置二人次縣小縣各一人

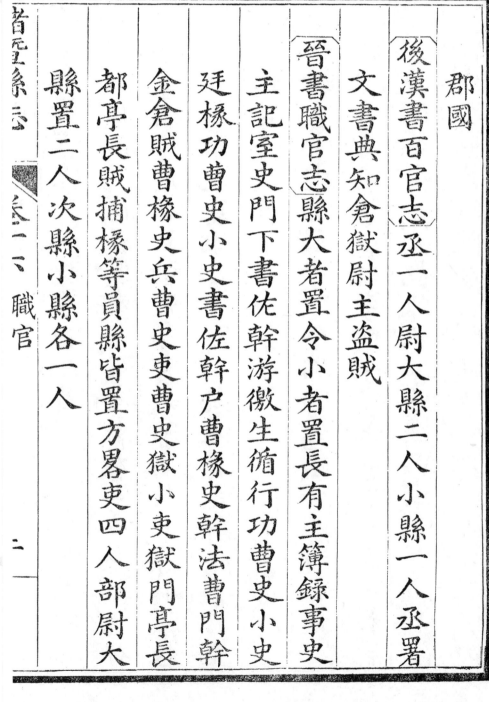

宋書百官志縣令長秦官也漢置丞尉諸曹畧同郡職後則無復丞其衆職或此縣有而彼縣無各有舊俗無定制也晉置部尉大縣二人次縣小縣各一人宋元嘉十五年縣小者又省之縣令千石至六百石長五百石

齊書百官志郡太守縣令郡縣為國者為内史相

隋書百官志梁官班多同宋齊之舊縣為國曰相大縣為令小縣為長陳承梁皆循其官制

隋書百官志縣置令丞尉正光初功曹功初主簿功

曹主簿西曹金户兵法士等曹佐及市令等員合九十九人上中縣減上上縣吏屬四人上下縣減上中縣五人中上縣減上下縣十人中中縣減中上縣五人中下縣減中中縣五人下上縣減中下縣十二人下中縣減下上縣六人下下縣減下中縣十人

通典唐縣有赤畿望緊上中下之差縣令各一人

歐陽詹同州韓城縣西尉廳記列縣出千千分為七等第一曰赤次赤曰畿次畿曰望次望曰緊次緊曰上次上曰中次中曰下

舊唐書職官志諸縣令之職皆掌道揚風化撫字黎

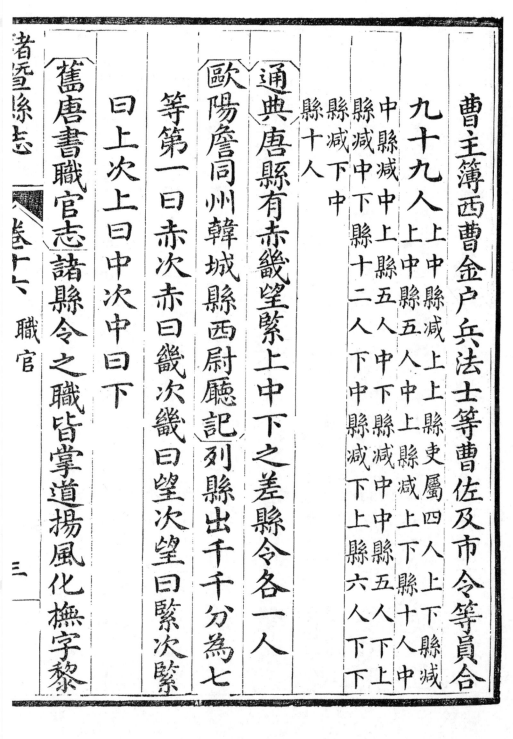

毗

通志職官略唐縣有令而置七司一如郡制丞為副貳如州上佐主簿上轄如錄事參軍其曹謂之錄事弁司功以下謂之錄事七司尉分理諸曹如州判司錄事省受符歷佐史行其簿書

文獻通考建隆元年天下諸縣除赤畿外有望緊上中下掌總治民政凢戸口賦役錢糧賑濟結納之事皆掌之三年始以朝臣為知縣其間復參用京官或幕職天聖間詔為舉法以重令選自是人重為令乾道二年非兩任縣令不得除監察御史初

改官人必作令謂之須入慶元後雖宰相子殿試

科甲人無不宰邑者

宋史職官志縣丞初不置熙寧四年縣户二萬以上

增置丞一員以幕職官或縣令人充崇寧二年縣

並置丞一員嘉定後小邑不置丞以簿兼

宋史職官志開寶三年諸縣千户以上置令簿尉四

百户已上置令尉令知主簿事四百户已下置簿

尉簿知縣事咸平四年後江南諸縣各增置主簿

中興後凡縣不置丞則簿兼丞之事

宋史職官志建隆三年每縣置尉一員在主簿之下至和二年凡縣不置簿則尉兼之隆興間邑大事煩則置二尉

元史百官志至元二十年定為上中下州上州有達魯花赤州尹同知判官中下州有達魯花赤同知判官叅佐官上州知事提控案牘各一員中州吏目提控案牘各一員下州吏目一員

元史百官志至元二十年定為上中下縣上縣達魯花赤一員尹一員丞簿尉各一員典史二員中縣

不置丞餘悉如上縣之制下縣置官如中縣民少事簡之地則以簿兼尉尉主捕盜事別有印典史一員巡檢司一員

明史職官志縣知縣一人縣丞一人主簿一人其屬典史一人知縣掌一縣之政凡賦役歲會實征十年造黄冊以丁產為差賦有金穀布帛及諸貨物之賦役有力役雇役借債不時之役皆視天時休咎地利豐耗人力貧富調劑而均節之歲歉則請於府若省蠲減之凡養老祀神貢士讀法表善良

恤窮乏稽保甲嚴緝捕聽獄訟皆躬親厥職而勤愼焉若山海澤藪之産足以資國用者則按籍而致貢

明史職官志縣丞主簿分掌糧馬巡捕之事典史典文移出納如無縣丞或無主簿則分領丞簿職

明史職官志吳元年定縣三等糧十萬石以下爲上縣知縣從六品六萬石以下爲中縣知縣正七品三萬石以下爲下縣知縣從七品已並爲正七品

計天下縣凡一千一百七十有一

國朝官制

諸暨縣

知縣一員

縣丞一員

儒學教諭一員

訓導一員康熙四年裁十五年復

典史一員

舊有主簿一員順治三年裁

縣職

漢
令
張敦 詳名宦傳

三國吳
長
陸凱 有傳
董思容
袁嘏 本紹興府志載入宜改入南齊

晉
令
斯展
魏曈
隆慶駱志質實篇舊志令載晉孫統令按統本傳為鄞令轉吳寧後爲餘姚令並無諸暨之文盖徐志誤以吳寧復入諸暨故云爾

宋令

傅琰有傳

齊令

于淋之見南齊書屠氏女傳　凌琚之永明四年見南齊書沈文季傳

張欣時永明八年據南齊書張融傳補入

卞彬按南史宜作袁嘏建武末詳名宦傳

梁令

蕭眎素詳名宦傳　裴子野有傳

求昌言　鈕合

孔繁　元萬期

聞詩　申先之

唐令

羅元開開元中　郭密之有傳

邱岳　傅黃中

宣模　李罕太祖子南陽公房見新唐書宗室世系表

卜允恭　敬躍

計宗之　冷嘉謨

周鏞

吴越令

趙湜　韋藴德

〔隆慶駱志、質實篇〕舊志令載五代趙湜令。按錢鏐唐天祐中已封吴越王，安得復有晋令？豈當晋帝時吴越王命為令，耶改從吴越。

宋知縣

吴育有傳　趙頌

寇仲溫有傳　丁寶臣有傳

王登　曾諤

吴文懋有傳　陳端禮有傳

王榕撫州人　錢厚之有傳
陳煜有傳　羅鏜
趙伯牙　侯文仲
陳協　周彥先
田伯强　姜紹有傳
郭允升有傳　張光
祝求仁　張居廣
孟球　鞏庭之
郭文忠　李珣

郭之運　晏暉
熊克有傳　李文鑄
林博厚　姜郊
李伯明　王及
黄庸　趙善石
陳文之　王謙
施一鳴　沈紋
李昌　趙彦權
史宣之　彭梠天台人梠舊志作郘府志作梠未知孰是

詹彭祖　劉保

趙希鎰　薛興祖

劉炳有傳　汪綱謹據本傳增入到任先後未詳考郡守以嘉定十四年任寶慶元年再任姑列於此

劉伯曉有傳

陳造　趙汝蓀

趙孟堅　王琛

趙希慧　家坤翁有傳

吴源　趙希隨

趙仲儕從府志舊志作崇儕　衛華

趙必昕　趙良維

蘊緘　章公亮

趙孟迎　鞏游

何喬　江湛

王倫　沈應昌

慕容邦孚　沈愿

元

〈紹興府志〉元制縣既有尹又有達魯花赤以監之

元貞初陞諸暨爲州尹稱知州

達魯花赤

廉忽魯哈孫畏吾人　方顯祖子謙唐兀氏女直人

百不花元光蒙古人　廉定同八哈赤畏吾人

〔隆慶駱志〕達魯花赤四員未知何年任姑依舊志次此

李朶兒只元貞元年任是年陞縣為州建議免徵山園夏稅

烏馬兒色目人廉能　邸顔畏吾人

知州

馮翼有傳　于九思有傳

單慶有傳　楊也速答兒有傳

陳邁行之四明人　王慶本善龍岡人

靳仁利安河南人　王政

隆慶駱志右元知州有劉應千到任先後未詳世祖至元中猶為縣知縣皆無考按知縣當作尹

謹按宋濂蘓栗齋墓銘有諸暨知州袁元到任先後未詳諸暨自秦漢迄唐宋疑皆為令惟三國吳建為長豈以孫氏曾拆置吳寧豐安二縣故耶宋建隆以後為知縣元為尹元貞以後為知州明洪武二年改縣復為知縣至今不改

明

知縣

欒鳳有傳

謹按元至正十九年己亥州屬明庚子欒鳳知州事癸卯州屬僞吳欒鳳死之丙午州復歸明越戊申爲洪武元年

田賦有傳

謹按田賦以洪武元年任時尚爲知州二年改縣田賦遂爲知縣

任博文榮河人洪武七年任　毛原遂玉山人十五年

孟貞十九年有傳　張真二十七年有傳

熊禮永樂元年有傳　吳亨十一年有傳

王常江右人十五年　周任廸臨川人宣德二年

余克安上饒人正統元年　魏傑昭陽人三年

許壐 七年有傳

張鉞 十一年有傳

單宇 洪宇臨川進士景泰元年自嵊遷

劉必賢 滁州人進士天順五年

曹銓 秉衡莆城人進士八年

黃寬 晉江人進士成化九年

王瓚 鉅光桂林人舉人二十年

蔣升 賓陽祁陽人進士宏治元年

鄭光輿 以祿莆田人舉人八年

熊希古 尚友新寧人進士十一年

潘琢 十六年有傳

索承學 遜夫邳州人進士正德二年

苗雲 從龍安陽人舉人七年

周啟 文明永豐人監生九年

馬思聰 懋聞莆田人進士十一年

彭瑩 廷璧大庚人進士十二年

朱廷立 嘉靖三年有傳

周朝俛 勤可閩縣人進士七年

張志遻晉江人進士十年　袁永德東莞人舉人十三年
黎秀實夫樂平人進士十五年　徐履祥進士二十一年有傳
李文麟無錫人進士二十四年　王陳策師董泰州人進士二十七年
徐櫆懷遠人舉人三十一年　林富春惠安人進士三十四年
宋魯葉縣人舉人三十八年　牛應龍固安人進士四十二年
梁子琦汝珍進士隆慶元年有傳　夏念東南城人舉人隆慶五年
陳正誼華亭人進士萬歷二年　楊一麟新建人舉人八年
謝與思番禺人進士九年見藝文　汪應泰十四年有傳
王嘉賓滁州人進士十五年　時偕行嘉定人進士十八年見名宦傳分注

尹從淑二十二年有傳
劉光復二十五年有傳
洪雲蒸紫雲攸縣進士三十七年
林銘盤石友莆田進士四十三年
唐顯悅天啟二年有傳
梁耀書東莞人舉人六年
張夬撤藩丹陽人進士五年
南有臺南山蘄山人進士十三年
蕭琦十六年有傳

陳允堅二十二年有傳
陳鏕觀海漳浦人進士三十四年
汪康謠淡海休寧人進士四十年
黃鳴俊四十六年有傳
毛可珍東莞人舉人四年
王章崇禎二年有傳
路邁子適武進人進士八年
錢世貴十四年有傳
李一元問義太平人進士崇禎十七年

李可立卓如貴州舉人

國朝

劉士瑄三韓人歲貢順治三年

張士琳三韓人貢生九年

蔡杓晉江人御康熙七年

顓孫好賢蕭縣人貢生十六年

張國棟遼東人監生二十年

葉蓁貢生二十三年有傳

毛上習二十九年有傳

朱之翰五年有傳

牛光斗中部人進士十八年

劉餘琨懷寧人貢生十三年有傳

梁偉遼東人例監十九年有傳

龍起潛真定人進士二十二年任陞府同知

吳震龍南城人舉人二十四年

佟世燕旗下人三十二年

畢士僖江南上元人三十七年

趙倓直隸滑縣人丁丑進士四十三年

邱晟福建將樂人丙戌進士五十四年

鄢大年江西進士五十七年

程珣貴州人貢生

張長庠繁昌人舉人六年有傳

崔龍雲僊源人生員薦舉有傳

方以恭河南人乾隆元年

馮世榮生員薦舉七年

朱宸江南寶應人丁丑進士四十年有傳

卞之釗旗下人四十七年有傳

楊洪山東濟寧州人五十七年有傳

魏觀保定人進士五十八年

佟逢年旗下人雍正三年

何體仁山東人八年

李廷宗進士

秦勷山東人進士六年

陳廷訓直隸人舉人九年

蔡錦 上元人舉人

翟天翺 饒陽人進士十一年有傳

張端木 上海人進士二十二年

黃汝亮 分宜人進士二十六年

陳燦 江寧人三十一年

羅守仁 閬中人舉人

米嘉績 陝西人舉人十七年

馮玲 直隸人舉人二十六年

蘇惠民 曲沃人舉人三十年

沈椿齡 震澤人舉人三十三年

謹按雍正乾隆中署知縣事者黃道中 張仁松 沈朱霞 吳炳 黃鳳 陳同善 譚仁元 孫繩武 包自厚 柴理 周起華以前志例不載入故附錄之

耿趾 補佟逢年後

宋斅 署事補黃道中前

縣佐

丞

宋

全授有傳

元諸暨陞州丞稱州同知

護都秉止蒙古人延祐進士

揑古伯季良色月人泰定元年進士

李玉國寶真定人行鄉飲酒鑄銅錢刻漏建義津槗

孫琪伯祥臨沂人

阿思蘭董牙畏吾人廉能建譙樓浚西江

白澤子瞻廉謹

袁曮日嚴四明人　張守正以忠至正十一年進士

邰儼公望高郵人

明

樂毅滁全椒人時尚為州稱州州同知　陳剛臨川人洪武中後為縣丞

馬又聰閔人　蕭九萬有傳

朱庸泰定人永樂中　錢顯有傳

李思義河南人　閔霖鄱陽人

强温北直隸人景泰中　段輔文水人舉人

李鐸成化中　謝翊

李祥曲沃人　畢震淮安人
楊光烈淮安人崇禎中　梅之惇宣城人
郝九疇　張承賢高郵人
王國昌

國朝

姚汸青浦人順治中　沈烺儒錢塘人
葉永錫同安人　李錦池州人
霍夢松太原人　張炳蒲縣人康熙中
丁家茂宛平人　彭聖域莆田人

趙飛熊山東人二十四年　陳名賦江南人二十七年

王颺福山人　張士驥歷城人

彭佐漢陽人　謝邦達

梁世際　施行義

柴理　黄本忠有傳

周起華吴縣人通考館議叙乾隆二十七年

簿

唐

王琚懷州人睿宗時

謹按資治通鑑唐元宗先天元年王琚補選諸暨主簿據新唐書王琚傳琚是時方補諸暨縣主簿過謝東宫太子曰先生何以自隐而日與寡人遊琚曰臣善丹砂且工諧隐願比優人太子喜恨相知晚翌日授詹事府司直内供奉兼崇文學士然則琚第補授而寔未嘗之任也兹以前志列有其名仍之

宋

吴處厚有傳　吴存睦括蒼人

元諸暨州簿稱判官

柯謙有傳

黃溍延祐二年進士有傳

白龍

完澤普化德潤哈剌魯松江人進士

李質仲義鎮江人泰定進士致和中

安普行之唐兀氏至順進士

山住畏吾人

和里互達兼善蒙古人元統進士

許汝霖時用剡人進士至正中

呂誠誠夫新安人至正進士

明

魏忠滁州人時尚為州稱州判

史子疇有傳後為縣稱主簿

喬升淮安人永樂中

榮世華

張南涇縣人宏治中
徐海宣城人
蔡沂遼東人
張輔潁川人
蘇潤石埭人
楊榮泰和人正德中
董信
吳申南安人
胡釆丹徒人嘉靖中
金純天長人
沈槃吳江人
孫鑛蜀人
槃讞
李之茂子培四川人
鄭憲武進人
陳金太湖人
陸汝亨長洲人
戴乾蕪湖人

鄭珊新城人隆慶中　冒承祖如臯人
王祐亳州人萬歷中　甘祖諫豐城人
徐鼎祁門人　俞藻無爲人
周天道休寧人　林璉永春人
楊芳春雲南人　章世肇直隸人
田同井亳州人　岑可瞻
張嗣懿　章一科
柳泓廣西人　鄭蒞民天啟中
韓世宷陝西人　黃應日合肥人

鞠茂登州人

劉恂

萬師尹自尉遷宣德中

李茂弋陽人正統中

李雅侯官人天順中

李謙衡陽人

齊子芳

任宏道磁州人成化中

甘燦閩人成化中

鄭欽閩人宏治中

謝成延平人

楊華玉山人

陳椿遼東人正德中

龍雲靖川人

宋天與閩人

汪倫大理衛人嘉靖中

俞江吳江人

郭珙鳳漢人

潘思敬廣西人　潘文節弋陽人

方凱合肥人　李幹茂名人

方文淵貴溪人　劉瑄太倉人註有讀杜心解見王弇州序

鄒勳吳江人　彭懷初青城人隆慶中

習節陝西人　王道貞寶應人萬歷中

葛自訓桃源人　李譽天長人

陳鑽豐城人　李思誠豐城人有傳

董德隆德興人　邱可詔上杭人有傳

華一孝即墨人　朱揚訓

徐治佳　魏邦佐

周文煒天啟中有傳　汪應第休寧人

龔國瑚江西人崇禎中　陳承憲

錢宏基　佘堦江南人

周德隆吉安人

尉

唐

李椽代祖子蜀王房據新唐書世系表增入

李五太宗子紀王房據新唐書世系表增入

吳勵之開元時尉據祠祀志採入

嚴維山陰人詳名官傳

宋

裴均詳名官傳分注

陳霖東陽人咸淳甲戌進士為諸暨尉見浙江通志選舉

元

諸暨陞州尉稱吏目他縣有尉又有典史見元史百官志

張德元　據紹興府志方技傳補入

明

典史

張仲文　江右人洪武中

楊德仁

謝琰　永樂中

萬師尹　南昌人

汪朝源　歙縣人宣德中

徐麟　武進人正統中

喬斌

楊彬　貴溪人天順中

杜恭　達縣人成化中

張彖

鄒魯　直隸人

林斌　福建人

譚忠　南雄人

吳家淇　閩縣人宏治中

廖忠新淦人　高玉邳州人正德中

于俊沐陽人　李朴吳縣人

王原鳳翔人嘉靖中　徐韜永豊人

盧潮柳城人　潘子琪

高榮詔湖廣人　陳儀克威舒城人

許曰恭莆田人　李時陝州人

何錄南昌人　羅江壽州人隆慶中

曾應祐豊城人　賈廣巴陵人

陳善衡陽人萬歷中　胡思漢青陽人

甘伯龍豐城人　汪東巖石埭人

王恩溧水人　周天賦莆田人

王大成　周志遠

單應龍　楊宗周

陳客　高斗

魯國仕天啟中　孫耀楚承天人

周延祥崇禎中　姚士謙廬州人

陳聖修莆田人　王一賓涇縣人

國朝

郝朝寶汾陽人順治中　段國寵廣平人

張添增興安人　郭用奇介休人

張星垣渭南人康熙中　胡士琪河澗人

方象員歙縣人　劉起鵬齊河人

李繼增山東人二十六年　朱道立

宗廷璧　牛克嶷山東人

苑文然　劉濬甘泉人十九年

諸暨縣志 卷二六 三

學職

教諭

明

張世昌邑人洪武中　陳嘉謨邑人薦辟

陶狷邑人　袁時億有傳

陳誠閩人遷知金華縣　糜焕儀貞人

任泰巢縣人　羅伯初永樂中有傳

柯長寧國人舉人　成允吴縣人遷阮州府教授

包罔三山人宣德中　李崇桂陽人正統中

熊相清江人

江淪中天順

周祐貴溪人成化中

陳立閩人舉人陞知縣

黃表

謝黻吳縣人舉人

吳華福清人宏治中

蕭承恭吉水人舉人

甯欽正德中有傳

徐中太倉人

聶曼金溪人舉人

黃銑邵武人舉人嘉靖中

胡晟歙縣人

李俊高安人

尹一仁有傳

彭璋崇安人

何忠藎星子人

鄭惟邦世輔侯官人舉人歷知州

楊遜竹溪人　尹奎永新人
林志同安人　謝禬泰興人
王汝振舉人陞知縣隆慶中　陳源南昌人
施宗軻青陽人萬歷中　徐應宿定海人
許希旦昌化人　張應雷山陽人
龍奮河青陽人　鄧謐高安人
高江杭州人　吾道行衢州人
何舜韶　湯世享江山人
余純照休寧人天啟中　於慎行嘉興人

陸府修平湖人舉人崇禎中　范我躬寧波人陞工部世務

蔡仁洽仁和人舉人陞九江推官　沈炳文仁和人陞雅州知州

駱光實義烏人陞國子監助教　李可

謹按芧蘿山藁有贈耿博士序又有送邑祭酒石公序皆暨諭也而職官志中無其姓名則知前明學職遺佚者頗多

國朝

方杰錢塘人舉人順治中　沈獅仁和人舉人

朱廷譔海塩人舉人　葛果錢塘人舉人

王家鼎建德人歲貢　章含綸孝豐人歲貢

張華海寧人舉人康熙中
姜應珪天台人歲貢
嚴曾榮仁和人舉人
范維施石門人
張曾禔海寧人
靳芳雍正元年
仇廷桂四年靳縣人舉人
倪上容七年
王璉八年有傳
郭有泓十三年
王鯉翔乾隆三年有傳
姜
徐繩甲十一年
奚灝二十年
陳球二十二年
張松二十五年
傅枘三十三年
朱瑞海寧人舉人三十六年

諸暨縣志　卷二十六　三

訓導

元

張世昌邑人　俞長孺有傳

拜普化彥博完澤普化從子　陸以道士宏無錫人

包英叔蘊江陰人　哈剌那懷伯川

徐中山陰人至正中為諸暨州學錄見紹興府志制科

明

陳協洪武中　陳蕘

孟時邑人陞荊州府同知　郭日孜邑人有傳

姚珂邑人　　郭同邑人
梁棟郡人　　舒奎天台人
林滚閩人　　張禎京口人陞瑞州府教授永樂中
楊澄福建人舉人　　周晃
吴端壽張人天順中　　謝樂山舉人
王昌順金溪人　　方濬莆田人舉人
朱旻崑山人　　李永有傳成化中
李謙盧陵人　　吴英宜興人
林鑑海寧人　　周澤太倉人

陳洙莆田人舉人　邱雍邵武人宏治中

王恂應天人　湯景賢應天人正德中

曹英崇仁人　錢山當塗人

王雍太和人舉人　俞旺順昌人

王輔海康人嘉靖中　袁塘祥符人

吳秉壽歙縣人　雷萬石

王聰安義人　侯崇學曲江人

陳頵　曾漢陽江人

孔載通州人　王朝宗江西人

黄堂山東人　袁勤豐城人

施乾元宣城人　劉龍興化人

吕中臨臨海人　雲行廣德人

王自脩上蔡人　熊祥安義人

劉培江都人　廖志道上杭人

畢諾大河衛人隆慶中　鄭鄉當塗人

楊坡無錫人　高桂無錫人萬歷中

顧世承華亭人　丁世臣長洲人

凌裦新城人　譚任武陵人

謝國泰於潛人　許松淳安人

朱道亨石門人　吴台榮昌人

陳愈賢　徐一龍

馬應義　周之藩

俞同德　何一棟江山人天啟中

何天恩崇禎中　曹濬

施于時　張作相

陳士毅　王化民麗水人

王允陟　程光杰休寧人

國朝

朱棟遼東人順治中　高宗舜臨安人

徐明江山人

康熙四年鈌裁十五年復

張暉華亭人十七年　蔣鳴雷建德人

徐煒然石門人　郁珍篔同鄉人

李來賓康熙六十一年　童聖基雍正七年

丁頴乾隆元年　李芝十一年

林廷光十七年　李文藻二十一年

王榮紘西安人歲貢二十五年

職官之志古今雜陳臧否並列屈指數之令若干人丞若干人犁然可考彷彿廳事之題名亦史家年表例也然其間有政績可紀者别立列傳以表之其餘則僅志歲月志里居而已求其行事率多難考悲夫士君子坐擁花封號稱衆母而姓氏僅若滅若沒於殘編蠹簡之中其悠悠可知矣能無念哉　沈椿齡識

諸暨縣志卷十七

選舉

取士之法周爲詳大司徒之所賓興皆鄉老鄉大夫之所考察而獻之者故王制曰命鄉論秀士升之司徒言舉士必自鄉始也兩漢制科不一且爲嚴不舉者罪一黜爵再黜地三則黜爵削地然爲時久遠靡可得而稽已自唐宋以来乃稍得徵諸文獻而登載其姓氏謹凖前志分立四目曰進士曰舉人曰薦辟曰歲貢庶知科舉一途時有重輕

所謂三十老明經五十少進士焚香迎進士徹幕待諸生皆可披卷而得也志選舉

科目

唐書選舉志唐取士之科其目有進士文宗詔禮部歲取登第者三十人苟無其人不必充數

唐會要開元十七年三月詔限進士及第每年不過百人

宋史選舉志宋之科目進士得人為盛

文獻通考開寶六年李昉知貢舉取宋準等十一人

會有訴昉用情取人者乃令籍終場下第人姓名皆名見擇一百九十五人並準以下御講武殿各賜紙劄别試詩賦命殿中侍郎李綦等爲考官自兹殿試遂爲常式

元史選舉志至元十一年議行科舉分蒙古進士科及漢人進士科皇慶三年八月天下郡縣興其賢者能者充賦有司次年二月會試京師蒙古色目人作一榜漢人南人作一榜

明史選舉志三年大比以諸生試之直省曰鄉試中

式者為舉人次年以舉人試之京師曰會試中式者天子親策於廷曰廷試亦曰殿試分一二三甲以為名第之次一甲止三人曰狀元榜眼探花賜進士及第二甲若干人賜進士出身三甲若干人賜同進士出身狀元榜眼探花之名制所定也而士大夫又通以鄉試第一為解元會試第一為會元子午卯酉年鄉試辰戌丑未年會試鄉試以八月會試以二月

大清會典國家以科目取士其制最重自順治二年秋

初行鄉試三年春初行會試嗣後定子午卯酉年秋八月舉鄉試丑未辰戌年春二月舉會試

進士

唐

僖宗中和中

王邠

昭宗大順中

吴少邽門下侍郎光祿勲

宋

皇祐元年己丑馮京榜

朱方　馮滋

嘉祐二年丁酉章衡榜

章蒙知縣

嘉祐八年癸卯許將榜

高彖

熙寧六年癸丑余中榜

張鎮　韓羽

熙寧九年丙辰徐鐸榜

黄彦大中大夫文安縣開國男

元豐五年壬戌黄裳榜

朱戩縣令有傳列循吏

元祐六年辛未馬涓榜

馮谷

紹聖四年丁丑何昌言榜

姚舜明嵊縣籍河東經畧安撫使累封文安縣開國男贈太師有傳列武功

元符三年庚辰李釜榜

黄日新　　黄無隱文林郎

政和二年壬辰莫儔榜

朱常 戬子有傳 列循吏　郭亢 朝散大夫

高桓

政和五年乙未何㮚榜

韓概 羽之子

紹興二年壬子張九成榜

黄嘉禮 朝散大夫

紹興五年乙卯汪應辰榜

馮羽儀 谷之子　馮耀卿

紹興十五年乙丑劉章榜

吳珪 起居舍人

紹興二十一年辛未趙逵榜

孫大中

紹興二十四年甲戌張孝祥榜

黄閣 軍器監　黄開 樂安令有傳列儒林

黄閲 文思院監

紹興三十年庚辰梁克家榜

馮時敏 羽儀子　黄聞 永州知州

乾道二年丙戌蕭國梁榜

王正之東陽令　王厚之江東提點刑獄事食中佑觀祿進寶謨閣有傳列儒林

乾道五年己丑鄭僑榜

王誠之正之兄鎮江教授　王訢

黃誾朝請郎　廖俁樞密副都承旨據駱志載入

乾道八年壬辰黃定榜

王賁之長興丞　姚憲嵊縣籍參知政事有傳列名臣

俞涇據舊志載入

淳熙二年乙未詹騤榜

鄭大成

紹熙元年庚戌余復榜

陸唐老有傳列儒林

慶元元年乙卯鄒應龍榜

馮景中時敏子　　黃伸嘉禮子嚴州法曹

嘉定元年戊辰鄭自誠榜

黃篪知泰安軍

嘉定七年甲戌袁甫榜

姚琳　章夢光

黄應龍知南雄州

嘉定十年丁丑吴潛榜

章又新　姚鏞嵊縣籍監丞所著有雪蓬藁

嘉定十三年庚辰劉渭榜

林嘉會

嘉定十六年癸未蔣重珎榜

趙汝銓　趙希鵠

劉志

紹定二年己丑黄樸榜

楊瀬開封僉判贈朝散大夫據舊志載入

紹定五年壬辰徐元杰榜

陳宣子縣丞

端平二年乙未吴叔告榜

馮喜孫谷四世孫

俞公美據浙江通志載入

淳祐四年甲辰留夢炎榜

章夢璞

淳祐十年庚戌方逢辰榜

胡杲 江東路轉運使　黃雷

景定三年壬戌方山京榜

吳天雷 新昌教諭　吳大順

王煓

咸淳四年戊辰陳文龍榜

胡庸　張翼

咸淳七年辛未張鎮孫榜

吳去疾 一名幼安 縣丞　楊潭

張素 據舊志載入

隆慶駱志右宋進士尚有宣繒張雷發以年無所考不敢妄列

謹按舊志繒紳載宣繒樞密同知張雷發如皋令今亦他無所考又按戴良跋倪夫人遺事後有宋進士倪永年而遍考各志未之有載知其外散佚者尚多

元

至治元年辛酉林仲節榜

陶澤稽山書院山長

泰定四年丁卯李黼榜

楊維楨江西儒學提舉有傳列儒林　胡一中紹興路錄事有傳列儒林

倪景煇

至順元年庚子王文蕐榜

郭性存湖廣興安令

至正五年乙酉張士堅榜

申屠性歙縣教諭有傳列文苑　王賀安吉縣録

明

洪武四年辛亥吳伯宗榜

胡澄河陰縣丞通許知縣有傳附一中　趙仁會試中式有傳列卓行

洪武二十一年戊辰任亨泰榜

俞士賢二甲六名禮部主事轉監察御史

永樂十年壬辰馬鐸榜

王鈺會試三名殿試一甲三名翰林院編修江西提學僉事有傳列名臣

永樂二十二年甲辰邢寬榜

胡驩二甲九名

宣德五年庚戌林震榜

陳璣二甲七名授庶吉士

宣德八年癸丑曹鼐榜

俞僩吏部主事福建汀州知府

成化十四年戊戌曾彥榜

馮珏南京刑部員外

成化十七年辛丑王華榜

駱瓏潮州知州有傳列循吏

正德十六年辛巳楊惟聰榜

陳賞兵部主事歷滁州知州真定府同知

嘉靖八年己丑羅洪先榜

翁溥太湖知縣歷仕至兵部侍郎陞南京刑部尚書有傳列名臣

嘉靖十一年壬辰林大欽榜

駱驥知縣有傳列儒林

嘉靖四十四年乙丑范應期榜

駱問禮湖廣副使有傳列名臣

隆慶二年戊辰羅萬化榜

周繼夏袁州推官　蔣桐知縣

萬歷五年丁丑沈懋學榜

陳性學廣東左布政有傳列名臣

萬歷二十九年辛丑張以誠榜

傅賓豐城知縣

萬歷三十二年甲辰楊守勤榜

壽堯臣 雩都知縣

萬曆三十五年丁未黃士俊榜

錢時 山東副使有傳列武功

萬曆四十七年己未莊際昌榜

楊肇泰 安慶知府有傳列循吏

天啓二年壬戌文震孟榜

駱先覺 曲州知縣　陳元暉

壽成美 行人　駱方璽 營繕司郎中有傳列名臣

崇禎元年戊辰劉若宰榜

阮元聲據浙江通志載入舉人無考

崇禎七年甲戌劉理順榜

方允昌兵部員外

崇禎十六年癸未楊廷鑑榜

史繼鰌刑部郎中有傳列卓行　余綸興化府推官有傳列卓行

國朝

順治四年丁亥呂宮榜

蔣爾琇河南原武縣知縣有傳列循吏

順治六年己丑劉子莊榜

壽以仁雲南提學副使

順治九年壬辰鄒忠倚榜

余縉河南道御史有傳列名臣　章平事河南永寧縣知縣有傳列循吏

順治十二年乙未史大成榜

虞士華一名宗岱廣西南寧知府陞南寧左江兵備道

康熙二十一年壬戌蔡升元榜

余一燿　蔣遠

余毓澄龍陽縣知縣有傳列循吏

康熙三十三年甲戌胡任輿榜

酈祖仁知縣有傳列文苑

康熙四十五年丙戌王雲錦榜

孔豸

壽致潤翰林院檢討有傳列文苑

毛鈺知縣有傳列文苑

康熙五十一年壬辰王世琛榜

壽奕磐知縣有傳列文苑

康熙五十二年癸巳王敬銘榜

是年恭逢

聖祖仁皇帝六十萬壽開科於八月舉行會試

壽致浦禹州知州有傳列循吏

康熙六十年辛丑鄧鍾岳榜

陳愷

雍正八年庚戌周𩐨榜

傅學灝錢塘籍衡陽縣知縣傳列循吏

余懋棅杭州府學教授有傳列儒林

乾隆元年丙辰金德瑛榜

湯聘原任吏部驗封司主事歷江西學政江西布政司陞湖北巡撫歷江西雲南貴州巡撫

乾隆二年丁巳于敏中榜

是年恭逢

皇上登極開科於二月舉行會試

余文儀刑部山東司主事歷臺灣道福建按察司陞刑部右侍郎現任福建巡撫

舉人

宋

高宗紹興二十六年

王厚之

孝宗乾道四年

黄闓 別院省元

元

順帝至正四年

高昌山

右三人據浙江通志紹興府志載入證按毛西河云明以前並無舉人科然陶九成輟耕錄載有非程文即至正四年事據所稱各行省鄉試發解進士揭曉云云則亦未始不與今制舉人科相似

明

洪武三年庚戌科

胡澄一中子辛亥進士　趙仁辛亥會試中式

洪武十七年甲子科浙江登科考洪武六年起罷進士之科者十有二年至洪武十七年始復開科

鍾鏞刑部主事

洪武二十年丁卯科

俞士賢戊辰進士

洪武二十三年庚午科

吕升山陰籍有傳列名臣

洪武二十九年丙子科

陶祐吏部員外　俞希孟

永樂六年戊子科

王鈺壬辰會魁探花

永樂十二年甲午科

王常奉節知縣　陳偲政和教諭

永樂十五年丁酉科

阮浦

永樂十八年庚子科

胡驩甲辰會魁　成規

成矩謹按前志永樂中姑蘇成引為暨教諭命二子規矩應浙鄉試二成乃姑蘇人也

永樂二十一年癸卯科

駱黼　翁佐鄞都教諭

呂公愿山陰籍升子國子監助教　俞得昭全椒縣教諭

宣德元年丙午科

俞僩癸丑進士　陳璣庚戌會魁

正統三年戊午科

馮讓沛縣知縣有傳列循吏

正統十二年丁卯科

徐琦道州知州有傳列循吏

景泰元年庚午科

張肅福建莆田知縣

景泰四年癸酉科

陳翰英南雄府同知有傳列循吏

天順六年壬午科

張伋同安知縣

成化元年乙酉科

呂銑山陰籍公愿子南平知縣

成化十三年丁酉科

馮珏謙子戊戌進士

成化十六年庚子科

駱瓏辛丑進士　鄭欽澧州知州有傳列儒林

成化二十二年丙午科

姜元澤平江教諭

宏治八年乙卯科

陳元昭翰英從子德府右長史

宏治十一年戊午科

陳元魁翰英子五河知縣

宏治十七年甲子科浙江登科考明初應試止取廩生後漸及增廣至是詔廩增附一體掄選故附生中式始於是科

陳賞翰英孫元魁子辛巳進士

正德五年庚午科

陳仲洙寶應知縣

正德八年癸酉科

鄭天鵬欽子弋陽知縣有傳列儒林　張文陽山教諭

嘉靖七年戊子科

翁溥己丑進士　王珽如皋知縣

嘉靖十年辛卯科

駱驥鳳岐子壬辰進士

嘉靖十三年甲午科

駱騰霄應天中式唐縣知縣

嘉靖三十一年壬子科
壽成學 應天中式 都司經歷
嘉靖三十四年乙夘科
駱問禮 乙丑進士
嘉靖四十三年甲子科
蔣桐 順天中式 戊辰進士
隆慶元年丁夘科
周繼夏 順天中式 戊辰進士
萬歷四年丙子科

陳性學翰英元孫寉鳴子丁丑進士

萬歷十九年辛卯科

壽堯臣應天中式甲辰進士

萬歷二十二年甲午科

傅賓二名辛丑進士

萬歷三十四年丙午科

錢時丁未進士

萬歷三十七年己酉科

壽成美壬戌進士　陳元暉壬戌進士

朱長庚順天中式八名含山知縣有傳列儒林
萬歷四十年壬子科
陳善學廣德知州有傳列循吏
萬歷四十三年乙卯科
駱先覺三名壬戌進士　姚一鸞八名英山知縣有傳列循吏
萬歷四十六年戊午科
楊肇泰己未進士
天啟元年辛酉科
楊從本　駱方璽壬戌進士

天啟四年甲子科

蔣一泰　方允昌順天中式甲戌進士

邊維寧應天中式九江同知

崇禎六年癸酉科

張夜光順天中式有傳列文苑

崇禎九年丙子科

余縉壬辰進士　張汝嘉順天中式本姓屠

崇禎十二年己卯科

余綸癸未進士　陳楙黃巖縣教諭

方宏憲

崇禎十五年壬午科

史繼鯔癸未進士

國朝

順治三年丙戌科

蔣爾琇丁亥進士　駱起明永春知縣有傳列循吏

順治五年戊子科

壽肇基安陸知縣　章平事壬辰進士

順治八年辛卯科

許兆桂　楊學溥

錢洪袠清平知縣有傳列循吏　虞士華府志作虞宗岱順天中式乙未進士

順治十一年甲午科

馮勸山西道御史有傳列名臣

順治十四年丁酉科

樓璘河南中式

康熙二年癸卯科

余一燿壬戌進士

康熙五年丙午科是科以策論表判取士

陳其素河源知縣

康熙八年己酉科

錢廷燦福清知縣　俞麟翔

康熙十四年乙卯科

余毓澄壬戌進士

康熙十六年丁巳科

蔣遠壬戌進士　錢廷範嘉善教諭

錢棫

康熙二十年辛酉科

錢世勲戶部陝西司主事　駱伊祜

康熙二十三年甲子科

楊戒順天中式永寧知縣

康熙二十六年丁卯科

樓桂廣西中式知縣

康熙二十九年庚午科

樓績良鄉知縣有傳列循吏　酈祖仁甲戌進士

康熙三十二年癸酉科

壽致潤解元丙戌進士　孔易丙戌進士

康熙三十五年丙子科

趙枚　秀水教諭

康熙四十一年壬午科

毛鈺　丙戌進士　余桂芳

康熙四十四年乙酉科

楊三炯　濟東道有傳列循吏　錢天相

蔣三唐

康熙四十七年戊子科

壽奕磐　壬辰進士　余懋杞　順天中式有傳列文苑

康熙五十年辛卯科

壽致浦癸巳進士

宣奇本姓蔣有傳列文苑

趙溥河南懷慶通判

康熙五十二年癸巳科

是年恭逢

聖祖仁皇帝六十萬壽開科於二月舉行鄉試

壽奕文金華教諭有傳列文苑

康熙五十三年甲午科

駱鳳翔解元

駱志适洛陽知縣

駱宣遠華州知州三駱皆廣西中式

康熙五十六年丁酉科
陳大長榜姓錢　傅學灝錢塘籍庚戌進士
康熙五十九年庚子科
陳愷辛丑進士
世宗憲皇帝登極開科於四月舉行鄉試是年恭逢
雍正元年癸卯科
宣鉞　樓襄
雍正四年丙午科
周晉有傳列文苑　趙驥嘉善教諭

錢曰布有傳，列文苑

雍正七年己酉科

余文儀榜姓蔣，丁巳進士

余懋棅庚戌進士

傳學澐德清教諭

雍正十年壬子科

樓卜岐

余銓有傳，附懋杞

雍正十三年乙卯科

湯聘乾隆丙辰進士

乾隆元年丙辰科

是年
皇上登極開科於八月舉行鄉試

余斌 由教習分發江南河務　余蛟 鎮江府通判

乾隆三年戊午科

馮愷 景山教習　王兆昌 山西分發知縣

乾隆九年甲子科

張楷 嘉興縣教諭

乾隆十八年癸酉科

傅學沆 解元有傳列文苑　趙南覲 桃源縣知縣

乾隆二十一年丙子科

石漣

乾隆二十五年庚辰科是年恭逢

皇上五十萬壽

皇太后七十萬壽開科於八月舉行鄉試

樓卜瀍

乾隆二十七年壬午科

李本玉本姓王貴州籍

乾隆三十年乙酉科

余炳 蔣五權

姚楠

乾隆三十三年戊子科

王紹典

乾隆三十五年庚寅科

是年恭逢

皇上六十萬壽

皇太后八十萬壽開科於八月舉行鄉試

楊惟信　馮洪範

乾隆三十六年辛卯科

蔣載康　楊垂

武科

明史選舉志正德十四年定子午卯酉年鄉試嘉靖初定於十月考試次年四月會試起送考驗監試張榜大率仿文闈而減殺之崇禎四年中允方逢年倪元璐以時方需才奏請殿試傳臚悉如文例武舉殿試自此始

大清會典會試天下武舉定於辰戌丑未年舉行

大清會典順治二年題准子午卯酉年舉行鄉試

進士

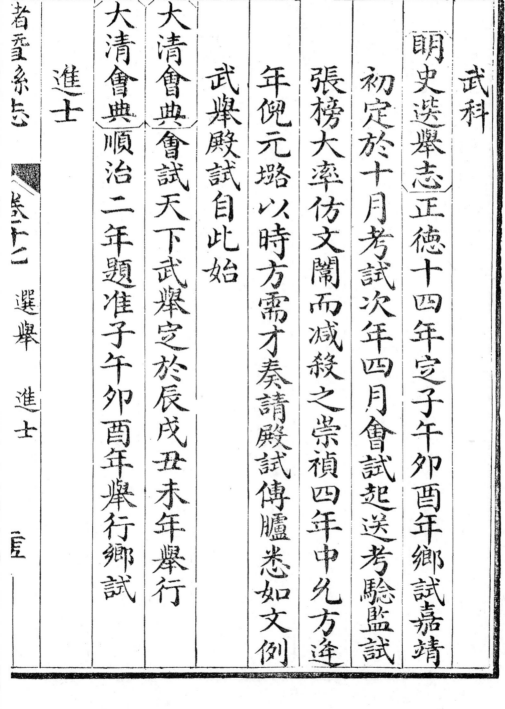

明

天啓壬戌科

田九區

天啓乙丑科

壽邦寧 游擊將軍　傅均 有傳列卓行

國朝

順治乙未科

呂之引　傅啟麟 浙東永生營守備

康熙甲辰科

王廷綵吴淞鎮中軍守備　郭天行寧夏中衛守備

康熙丁未科

王逢春潮州衛守備

康熙壬戌科

阮三仁四川寧番衛掌印守備

康熙甲戌科

趙斌

康熙乙丑科

袁星臨江守備袁州都司陞遊擊

舉人

明

田九區　壽邦寧

傅均　趙士進

呂宓　徐杰崇禎己卯

楊肇禧崇禎甲子　吴萬里崇禎中解元

許炳先

國朝

順治辛卯科

傅啟麟乙未進士　宣德仁北榜掌印都司有傳列忠節

順治甲午科

呂之引乙未進士　周勝

柴時茂

順治丁酉科

壽龍　郭凌霄

順治庚子科

沈斌　陳陞

何銓癸卯列浙江通志舊志入庚子

康熙癸卯科

王逢春丁未進士　王廷綵甲辰進士

郭天行甲辰進士　李斌

康熙己酉科

郤綸

康熙壬子科

袁文錦

康熙辛酉科

楊錫履　王廷俊

王家禎　阮三仁壬戌進士

陳士俊

康熙庚午科

朱斌　蔡之蕙

陳士珪

康熙癸酉科

壽敬勝

康熙乙酉科

袁星己丑進士　壽而仁

楊琮温州府平陽鎮守備

康熙辛卯科

壽而安　趙方

康熙丁酉科

趙金劍

雍正癸卯科

趙國光仁和籍

雍正丙午科

袁文渭

乾隆辛酉科

酈國屏

乾隆甲子科

楊槐仁和籍守備

乾隆庚午科

王廷佐　　袁大鶴江西南康營都司

乾隆丙子科

壽如鵬

乾隆己卯科

陳邦旦 正定府守備

乾隆庚辰科

邊羽若 現任樂清右營印務事　劉大受

乾隆壬午科

沈光杉　黃萬年

乾隆乙酉科

呂大勇　王兆熊

壽五備　壽如豹

乾隆戊子科

陳大定　劉大觀
乾隆庚寅科
何百勝　邊羽豐
黄若虎　徐大雄
王夢熊　馮熊
乾隆辛卯科
吕渭

諸暨縣志卷十八

薦辟

宋史選舉志宋之科目有諸科有武舉常選之外又有制科有童子試舉而進士得人為盛

明史選舉志洪武六年罷科舉令有司察舉賢良以德行為本而文藝次之其目曰聰明正直曰賢良方正曰孝弟力田曰儒士曰孝廉曰秀才曰人才曰耆民皆禮送京師不次擢用而各省貢生亦由太學以進於是罷科舉者十年至十七年始復行

科舉而薦舉之法並行不廢

隆慶駱志選舉之法不惟在上古者不可行之於今即在近世亦有不同者國初薦舉為重歲貢為次科舉又次之今則科舉為上歲貢為次而薦舉不復行矣

宋

朱戩舉明經科象山令有傳列循吏

元

楊實大理寺丞有傳列武功

明

洪武年〔紹興府志〕洪武元年令禮部行所屬遴求民間經明行修賢良方正材識兼茂及童子之類六年詔科舉暫且停罷令有司察舉賢良

王晃有傳列儒林　楊維楨有傳列儒林

張辰府學訓導有傳列文苑　陳嘉謨縣學教諭有傳列文苑

王祚湖廣按察司僉事　俞軾試大司馬轉秋官郎

黃鄰監察御史有傳列儒林　陳凱蘭縣丞

楊思永臨海縣丞　傅希顏漢川知縣

蔡權中都主簿　錢淵明知縣

方文懋齊州典儀　胡文伯鳳陽教授

應琚臨江知府　王暘鞏昌府知府

孟瀌賀縣知縣　趙用賢藍田知縣

陳韶山陰訓導有傳列文苑　胡文穆應天府推官

胡混舉明經科高要知縣　方得偉國子監學正

胡天民陝西按察使　張彥疆陝西同官主簿

陳思齊安遠主簿　孟恪常熟教諭

傅初翁源主簿　楊允升泉川通判

馮伯奇廣東高肇知縣　楊鯨經歷

桂昱 金華府同知
何遠 行人
黃鑑 四川漢州判官
黃希傳 建陽知縣
陶涓 瓊州教授
姜漸 太常寺博士有傳列文苑
周文煥 廣東參政
何貴 行人司副使
王堂 有傳列卓行
梁伯善 平樂同知
石逵 御醫院司載志餘
張次達
蔡員寶 湖廣按察司副使
張文成
方輝 襄陽知府
俞蔭
俞祐
郭日孜 縣學訓導有傳列義行

倪仲圭 太平府通判
朱彥敬 滕縣知縣東平知州
趙伯潤 壽張知縣
張鏞
余季良 大庚主簿
孫述可 工部主事有傳列卓行
余澤 湖廣按察司副使
翁渚 祈陽知縣
方寅 國子監助教
徐圭 貴池知縣
陳滋 翰林待詔
戚元義 貴池知縣
張庭蘭 廣信府經歷
郭斯皇 典史有傳列儒林
黃鏜
陳宗孟 河泊
錢思誠 懷慶府經歷
毛仲與 甌寧知縣

周景瀌興國知州

郭如權大庾縣丞

黃鎧

駱用賓

孟德典史

吳國賓保定知府

虞以文監察御史陝西按察司僉事

吳鉞嵐縣知縣

錢存源羅源知縣有傳列卓行

章信湖廣按察司僉事

郭如樫璧山縣丞

郭禮知縣

章曾知縣

壽伯達巡檢

王愷之延平同知

方自新舉孝行有傳列循吏

永樂年紹興府志永樂元年令內外諸司文職官求臣民間有沉匿下僚隱居田里者各舉所知

馮賚蒲臺縣丞　孫宗海

俞允承　蔣誠

楊善政泉州同知　俞性中衛府典實

蔣桂　宣相

張潤　孟臨南雄府知事

章伯升鴻臚序班　陸時倉大使

宣德年

黃餘蔭星子縣丞　方坻遵化主簿

魏宗杲刑部主事　翁惟信陽信縣丞

翁惟謹

正統年

酈軾陵水主簿　楊資王府典膳

蔡炯主簿　陳洙左軍都督府都事

王璵建寧府訓導

萬歷年

酈元亮屠冢宰薦舉欽授京衛經歷

國朝

楊浣浙閩姚總督題敘軍同知

歲貢

明史選舉志貢生入監初由生員選擇既命各學歲貢一人故謂之歲貢其例亦屢更洪武二十一年定府州縣學以一二三年為次二十五年定府學歲二人州學二歲三人縣學歲一人永樂八年定州縣户不及百里者州歲一人縣間歲一人十九年令歲貢照洪武二十一年例宣德七年復照洪武二十五年例正統六年更定府學歲一人州學三歲二人縣學間歲一人宏治嘉靖間仍定府學

歲二人州學二歲三人縣學歲一人遂為永制

謹按隆慶駱志洪武十六年奏准天下府州縣學自明年為始歲貢生員各一人餘俱與明史同天順六年詔廩增生員四十五歲以上者俱貢

明史選舉志宏治中南京祭酒章懋言歲貢挨次而升衰遲不振乞於常貢外令提學行選貢之法不分廩膳增廣生員通行考選此選貢所由始萬歷中工科郭如心言選貢非祖制請停其選神宗以為然至崇禎時又嘗行之恩貢者國家有慶典或登極詔書以當貢者充之而其次即為歲貢

紹興府志歲貢之制自明始府學歲一人縣學間歲一人我朝定鼎以來例亦如舊

明

洪武年

婁宗海工部給事中　周宗祚軍儲十四倉副使

張允恒行人　張鏞鴻臚序班

傅文昭北平按察司知事　董闇

顧濬　壽輿

王彌堅莆田縣主簿　朱景純四川知縣

蔣文旭御史有傳列忠節　婁衡僉事

方杜倫國子學正　斯干湖廣長州通判

許用賢定遠教諭　金鎮刑部主事

戚文鳴監察御史

永樂年

朱子名福建長樂訓導　陳同江西新建知縣

黃士華上海知縣　酈俊江西新淦知縣

趙秩高郵州學政　王安江西鄱陽知縣

即香祠六世伯祖迪一公敬基註

王志中 廬州府同知
周興 無為州同知
馬宗昂 湖廣通城知縣
方倫 福建甌城知縣
鄭宏 南安同知，有傳，列循吏
孫祥 四川郫縣知縣
許子恭 黔陽知縣
陳寶 汝州知州
魏孚 黄崗縣丞
劉穆 都督府都事
趙賢
程永文 御史
金讓
胡怡
蔣忠
張剛
洪熙年

俞景昂　典史

宣德年

陳文信　山西都司斷事　　盧立　福建南靖知縣

陳祥　江西臨安府推官有傳列循吏　　王彥常　河南鄭州知州

宣載　餘干縣教諭　　瞿文偉

正統年

殷增　江西新淦主簿　　金俊　漢陽知縣

何琚　山東泗水知縣　　趙理

阮剛　福建崇安縣丞　　陳旭　廣東遂漢知縣

賈愚南陽知縣　俞安

俞鼎福建尤溪知縣　嚴翊

王琳沙縣知縣

景泰年

張祿江西廣昌主簿　章明湖廣宣慰司經歷

俞景　張銅福建建陽縣丞

天順年

陳貴字彥城太平縣知縣　俞轂

張澄江西靖安訓導　馮銓江西瑞昌訓導

何奎福建福安知縣　俞仕清鴻臚鳴贊

楊豹　章矩倉大使

成化年

蔣憲湖廣應山知縣有傳列循吏　章敬瑞金知縣

駱章江西宜春縣丞　傅璟建寧府推官

酈祥　王禎河南理問

楊滔四川建昌衛經歷　陳輅貴州都司經歷

金墜江西南昌縣丞　錢鏜福建光澤縣丞

姜鍾河南開封教諭　樓敏王府教授

宏治年

張琯長汀教諭　宣增

楊琦　陳泰福建浦城訓導

章誠德安府經歷　吕濟亳州訓導

酆瓚德安府訓導　王琦

陸淪　周謐永從知縣

駱珮上津縣訓導

正德年

朱琅　石琨

吴祥　楊淳遼府教授

駱鳳岐黻曾孫霊壽教授　石琛内黄縣訓導

陳文卿臨川訓導　馮琥九江府教授

陳鵠江西都司斷事　何汝礪

嘉靖年

王爵聊城縣訓導　張雨南平縣訓導

馮軒　徐浚仁遼東海州衛經歷

王溥寶坻教諭　俞耿慶遠府推官

駱騰霄珊之子　呂欒會昌知縣

駱驗 鳳岐子懷遠知縣

楊承恩 河南來陽王府教授

俞玠 武定州訓導

呂相

鄭澧陽 欽之子新化知縣

陳相宸 王府教授

駱騰光 寧州訓導

朱淪 福建沙城教諭

俞天禎 訓導

駱騏 鳳岐子孟津王府教授

駱九功 封邱訓導

張思得 太和縣教諭

陳紹科 翰英孫楚府審理

楊承惠 如皋訓導

陳士華 隨州同知

姚德中 延平府教授

邵廷潤

朱承祿 長洲訓導

錢鐸王府教授　　陳寬元昭孫韶州府訓導

隆慶年

汪直孫建陽訓導　　俞序沙縣知縣

傅良鯁寧海訓導　　俞臣良

張思聖象山教諭

萬歷年

黄璧太倉州判　　李秀實

駱夢周推官　　沈資訓導

方策小尹　　楊天盛訓導

陳相訓導　張選

華岳有傳列卓行　徐有悦

何敏台州教授　陳廷伯

鄭之士知縣　何昇

酈文相　陳經

天啟年

郭四聰　周希旦

酈光祖邵武知縣有傳附酈洙　章志賢

郭元佐貴州思南府同知有傳列循吏

歲貢

崇禎年

壽秉初　張德侍

錢方肅有傳列孝友　孫必賢

酈用賢國子監學錄　郭四寀

邊士彪西安訓導　宋存殷仁和教諭

酈引昌永州府通判有傳列忠節　酈民法據章志入府志無有傳列孝友

皇清順治年

壽愷　樓璇拔貢湖廣黃海知縣

周崇禮恩貢　蔣生亮恩貢

周廷俊慶元教諭　姚更生
壽爲先
康熙年三年停八年復
史之英平陽訓導　傅聰海寧訓導
章在茲　余毓澄壬戌進士
蔣無競　楊嗣振恩貢
壽士升　包淳
周廷偉　俞環贊
宣化成德仁子　馮欲驥

馮日衮　趙蘭瑄

壽子發　石紹年拔貢

張鶴霄　傅信本姓邊有傳列文苑

駱士璜　許爾秀有傳列文苑

周于德　酈宣

周宏易　酈元煜

郭鈺　酈琦

何錫全　余毓瀚

章暉　駱炎象山訓導有傳列文苑

趙驥副榜丙午舉人　朱之雲

陳士岳　余懋杞府學副榜

壽祺益府學　壽穀生府學拔貢

陳治府學歲貢樂清訓導　陳書思泰順訓導

以上俱本紹興府志其未載者順治中有壽挺茂

石于介麗水訓導　康熙中有壽爾康定州知州　余懋梗

雍正年

劉嚴癸卯恩貢　壽楠

錢夢弼甲辰拔貢　姚枝薇泰順訓導

袁粹中永康訓導　余懋棟己酉拔貢庚戌進士

周作豐府學　周志誠

壽凝正　石嵩乙卯拔貢教習遴沅陵縣知縣

黃國鳳府學有傳列文苑　傅學沆乙卯副榜癸酉解元

趙綸乙卯順天副榜威縣訓導　陳一新

乾隆年

楊維辰丙辰恩貢　趙琦

陳光宗　傅羽僊丙辰副榜

張宏儀戊午副榜　張必揆

章芹
趙一鵬 府學
陳光訓 辛酉拔貢
陳勳 辛酉副榜
周洪先 孝豊訓導
傅燈
王超
陳國守
孟夏 戊辰十三氏恩貢
錢塘 己巳恩貢
陳嘉楠
何正品 壬申恩貢
馮愼
陳維垣 癸酉拔貢
吾祠族祖敬基誌
余世薦 癸酉順天副榜
楊如瑶
黄溶
周鼎 國子監肄業期滿候選訓導

周一浩

方華 庚辰府學副榜

章羨 甲申恩貢

姚楠 乙酉舉人

傅秉鑑 乙酉拔貢

余鰲

阮進

趙宗遠 國子監肄業期滿候選訓導

孫鳴珂 戊子副榜

陳鳳起

呂坤一 壬辰恩貢

徐鑑

蔡本嵗 壬辰府學恩貢

諸暨縣志卷十九

縉紳 雜叙附

謹按縉紳雜叙貤封廕叙例貢等目他志所無而吾暨駱志章志皆有之今姑仍舊第進士舉人薦辟歲貢廕叙例貢中已列名者即註明職銜於縉紳雜叙之中概不重出

南北朝宋

阮佃夫建城縣侯南臺御史龍驤將軍太子步兵校尉南魯郡太守遊擊將軍假寧朔將軍淮南太守驍騎將軍淮陵太守兼中書通事舍人加給事中輔國將軍黃門侍郎右衛將軍豫州刺史歷陽太守有傳

唐

吳秉操少府監　吳恁太常博士

吳少曇諫議大夫　蔡元方樂平縣丞

宋

謝仲斌翰林院贈魏國公有傳附名臣　謝若穆封中山孝王有傳附名臣

楊欽贈吳越路相有傳列忠節　楊賢封中山王有傳列武功

孟載封諸暨縣男有傳列武功　黃自明贈山陰縣開國男

羅維文參知政事　宣珙資政殿學士奉政大夫

應鎬兵部尚書　陸景思戶部侍郎

應奎工部侍郎　黃宗卿比部員外郎有傳列循吏

陳璧　翰林學士
徐信　翰林院檢閱
徐正　翰林院經諭
陳壽　應奉翰林文字
張澋　國子司業
蔣蓊　國子助教
陳天麟　天章閣講書
黃克敏　閤門舍人
徐執　管閣校勘
孟銘　秘書省校勘官
壽仕澤　南嶽提宮
傅巖　宮講
陳仲正　國子學諭
陳文龍　京諭副司
吳伸　樞密副将
袁輅　字商用十五院左使
黃舜卿　正議大夫
黃晉卿　諫議大夫

黄永通議大夫
陳䈏正奉大夫
吴夢龍忠訓大夫
黄叔温知襄陽府棗陽軍贈通議大夫
吴昉温州監察
王瑊通州知府中奉大夫
陳石知延平府事
吴褒全州知州
王鼎之循州通判

黄鉞朝請大夫直秘閣
吴璘武翼大夫
廖虞弼鎮東節度使贈少保
吴瓔襄州監察
胡杲江東路轉運使
張定安德府知府有傳列武功
黄粹和象州知州
楊高高州知州
黄克寬衢州通判

黄宗諤雍州通判　黄伯達袁州通判

黄渥廣西提刑中奉大夫有傳列文苑　黄宗諒信州推官

陳必得池州司户慶元司理　俞仕隆潤州司理

姚宏删定官杭州監税有傳列循吏　王澄平江都税

李着俊右通直郎兩浙運使主管文字　郭諫天長令兼沿江制置使

孟贇沿江制置使　陳恪淮西制置使

王巽之淮陰令　王友任南昌令

王友元天台令　黄九齡考城令

黄杞靜江令　黄宗昌海門令

姚渥仙居令
黃汝楫浦江令有傳列義行
吴樞北流令
陳懿餘姚令
郭寬淳安令
楊文舉鄱陽令
楊倫武庫令
孟恊高郵令
孟繼榮石城令
張仕明玉山令
王友仁全州教授
蔣頫處州教授
楊質青州教授
於崇臨安教授
楊敬之郡庠教授
陳丁嘉興府教授
徐沂金溪教諭
姚従高節書院山長

黄朴武岡軍僉書　　胡亨之蕪湖縣𦻏軍酒庫提幹

黄克恭文林郎撫幹　　王節之舒州大使

王直之零陵縣丞　　王濬福清縣尉

王澤義烏縣尉　　吳景文越州訓練

吳倬都監從義郎　　黄師僖宣議郎

羅應玉宣議郎　　楊傑宣議郎

孟義通道郎　　何易廸功郎

王友吉登仕郎　　黄宗尹忠翊郎

何持將仕郎

元

王艮 淮東宣慰副使有傳列名臣

楊彬 江西廉訪副使

錢伯賢 福清知州

金志一 福建儒學副提舉

錢應麟 寧遠縣令

胡存道 松江路教授有傳列忠節

周麟昇 撫州路教授

楊繒 紹興路教授

方汶 樂平教授

吳庸 大理路教授

陳洙 州庠教授

方泗 杭州蒙古學教授

陳起 崑山州蒙古學錄

於立本 福清州學正

陳景灝 府庠教諭

王應中 蕭山教諭

王汝錫晦菴書院山長溧陽教諭　王應甲州庠司訓

王應常州庠司訓　楊宏瑞安令飛騎尉有傳列卓行

王剛中處州獨峯山長　申屠震稽山書院山長

陳漢臣稽山書院山長　俞懋稽山書院山長

楊維翰饒州書院山長　錢鼎樞密都事

金伸賢江西樞密都事　孔疇山西潞州倉使

王仲廬紹興路經歷　王希賢廣州經歷

黃源奎章閣典書轉典籤　王允昇德興縣尉有傳列卓行

袁文明舊志列雜敘不載職銜

明

蔣貴 定西侯有傳列武功

方國安 總兵掛大將軍印

蔡尭中 宗人府儀賓

蔡萬齡 宗人府儀賓

陳啟 太僕寺卿

蔣仕文 工部虞衡司主事轉都水司

孟時 荆州府同知華州同知

應津 和州同知

許日新 江南亳州同知

楊光國 汀州府同知

呂元鋌 後軍都督同知

方沂 饒州府通判

黃淝 磁州判官廣德州判官

楊先彪 四川順慶府達州判官

何志張 建寧府推官

斯鳳霖 薊州知事

孟文建寧衛知事　朱瓘建寧府知事
趙周賓藍田知縣　周兆祖淮安府清和縣知縣
宣誠麻城縣丞　孟宗魯南城縣丞
樓汝棟長熟縣丞　楊立江陰縣丞
壽成器萬年縣丞營膳所丞　駱友道思恩縣丞
蔣許縣丞　趙德和縣丞
楊士昌潞城縣丞　楊吉白沙縣丞
楊有大宜興縣丞　楊懋義南陵縣丞
郭應科歸善縣丞　呂元鍾崇仁縣丞

胡德廉 漳浦縣丞　金子華 鳳陽縣丞

方得偉 國子監學正　宣文吉 國子監學正

陳應鄰 台州府教授　袁文質 教授

史聖志 上虞教諭　宣載 餘干教諭

吴立 司訓　姚珂 縣學訓導

章澤 訓導　郭同 縣學訓導

陳協 訓導　趙昌辰 象山訓導見象山縣志

袁郴 會稽書院山長　史儀 大醫院判階承德郎

孫褒 大醫院醫目　黄岳 北京會舉除授燕採副総兵

蔣廷策北京中城兵馬司　陳浩盛盧溝橋稅副使
趙有仁趙府審理正有傳列循吏　陳元功德府典膳正
許就典膳　金子張典膳
陳廷俊晉府左長使　呂柱都司斷事
許子良六安營守備　樓竿江西武寧主簿
陳伯誠安遠主簿　陳瓘潛山主簿
朱士英鉛山主簿　傅景潤霑化主簿
孟應宿清河主簿　金子儀山西主簿
楊元良華亭主簿　朱標主簿

楊文源安邑主簿　楊肇明昌樂主簿

孫髙吴江主簿　余元慶陽穀縣主簿

鍾鳴凡佶倫州吏目　楊肇和向武州吏目

何一上鎮羌所吏目　駱世亨吏目

斯天祐鳳陽皇陵衛經歷　楊圭德漳衛經歷

楊芳黄州經歷有傳列義行　趙道明清浪衛經歷

宣聖德福州府經歷　楊肇麟興府衛經歷

呂世臣黄州經歷　呂世陞雲南經歷

孫亮太倉州經歷　孫國德陵衛經歷

何九臯鎮江府經歷

孫紀福寧衛經歷有傳列循吏

陳嘉訓經歷

趙世鳳德州經歷

酈希賢鄖陽衛經歷

陳嘉猷大理府照磨

楊文魁延平府倉峽司巡檢

何一正休寧縣大廈司巡檢

何紹浥福建分水關巡檢

何瑞榮順義縣典史

楊肇定東鄉縣典史

何藪承仕郎

黄璋將仕郎

章德中

慎起宗

孟萃

楊政

洪範有傳列義行

陳詵　趙良相
佘良亢　俞祐
黃金　梁都
黃京　駱友邦
金楠　韓任
趙存廣　周鳳岐
陳思明　張思明
傅浩　朱格
樓明卿　陳鑑

趙鳳　章成

沈邦直　周性

孟文獻　史榜

江梁孫　郭廷彰

壽九功　俞倖

郭全袍　傅堂

楊士　趙鈿

蔣渙　何天叙

斯道　樓世卿

樓麟　黄覽

俞良士　傅良旦

石瑞方　周子明

周憲　楊天富

楊天齡　楊天柱

楊大有　陳大禮

蔡熙　錢啟

黄棠　應堂

壽大化　趙鳴鳳

吴有賞　石文正
趙璉　何瑞榮
方大本　朱有慶
郭全初　郭全裘
袁正　陳鶴年
周子芹　周子尚
趙應麟　郭棐
朱思信　王德濟
楊黙　朱讓

大猷公係敬基公高祖順治丙戌歲貢朝考一等特授固始縣知縣

何澄　許明憲

以上七十九人舊志列雜敘不載職銜

國朝

章檝寶慶府知府署長寶驛鹽道　余毓浩廣東惠州府知府

楊佚常州府知府有傳列循吏　余成龍河南鄭州知州

陳大猷河南固始縣知縣　楊森陝西會寧縣知縣

壽運焻武平知縣　翁維寧永昌知縣有傳列循吏

陳元麟弋陽知縣　陳祖範博平知縣

何廷球樂惠知縣　宣繼雲澄海知縣

楊錫　歸善知縣

余毓溥　河間府通判

陳曰登　永平府通判

余仁　西城兵馬司副指揮霸州同知

金鶴凌　兩淮鹽運使司運判

壽廷標　江西玉山縣丞

陳元龍　臨桂縣丞

駱貞臣　廣西桂林縣丞

蔣泰徵　任縣訓導

楊元彬　甘肅鞏昌府同知

余一燧　奉天錦州府通判

應敉　廣西府通判有傳列義行

楊性德　南河効力州同

金守信　山西高平縣丞

袁璋　大寧縣丞

楊雨金　海澄教諭署松溪縣丞

陳國用　台州府學訓導

許一卿　副將管嘉協遊擊

呂之淵鑾儀衛雲麾使　陳元勳貴州都督同知管定廣營副將事

樓全川沙營參府　嚴文昌處州協左營守備

袁佳祚湖廣澧州吏目　趙廷佐廣西西龍州吏目

樓祖烈南鎮州吏目　陳祖儀石屏州吏目

酈廷楹貴州鎮西衛經歷　樓賡榮青州府經歷

陳存燧貴陽府經歷　阮正佩長沙府經歷署善化縣事

嚴毓嘉山東蒲臺縣北關批驗所大使　酈順新豐新田司巡檢

酈世顯澠池南村司巡檢　酈承壽崖州永寧司巡檢

壽元勳大埔大產司巡檢　楊健白沙大套司巡檢

鍾珩鎮江府丹陽縣包江司巡檢　鍾錡河南汝寧府光州吏目

俞仲陞黃安中和司巡檢　石作曆江西濮牛司巡檢

嚴有綸海澄濠門司巡檢　馮紹堯丹徒安港司巡檢

余文曾湖北江陵縣沙市司巡檢　周祚照廣東實江司巡檢署布政使司經歷

嚴聘三南漳方家堰巡檢　王倫一潞城縣石城里巡檢

阮斌蘇州陳墓司巡檢　趙裒松滋縣磨盤司巡檢

余昭武大邑縣典史　酈麟翔永清縣典史

石宏勳珙縣典史　石倫嶧縣典史

石尹洋縣典史　石作箋武城縣典史

石金治 河源縣典史
石濱 静樂縣典史
方崇文 石泉縣典史
俞煒 博野縣典史
陳利見 樂安縣典史
馮思義 安定縣典史
嚴士榮 南溪縣典史
陳元鯤 孝感縣典史
陳元能 靖遠縣典史
鍾國梁 安遠縣典史
周永達 安邑縣典史
斯宏 内黄縣典史
斯禮 雒容縣典史
余憲 黄州府城驛丞
俞協 岷州酒店驛丞
鍾杲 陜西留壩廳驛丞
樓寶覃 黎城縣典史

貤封

宋

黄振 宋卿父衛尉少卿 劉氏 宋卿母仁壽夫人

黄永 嘉禮父正議大夫

黄宗卿 育父宣奉大夫

黄渥 伯達父正議大夫

黄伯達 朴父朝議大夫

黄朴 自明父道奉大夫

黄汝楫 開誾聞父開府儀同三司

楊欽 賢祖吳越路相　樓氏 賢祖母

傅氏 楊高妻孺人

元

王理 艮父朝列大夫太原郡伯　祝氏 艮母太原郡君

方氏 艮生母宜人　劉氏 艮妻太原郡君

錢永茂 應麟父樂清縣令從仕郎　鄭氏 應麟母宜人

楊宏 維禎父會稽縣男　李氏 維禎母會稽郡君

明

劉與 穆父文林郎中軍都督府都事　孫氏 穆母孺人

孫氏 穆妻孺人

王堂 鈺父翰林院修撰承務郎　史氏 鈺母太安人

張氏 鈺妻安人　陳氏 鈺妻安人

蔣懷遠 仕文父工部水司主事承德郎　吴氏 仕文母安人

宣氏 遠妻宜人

俞時中 倜父南京驗封清吏司主事　韓氏 倜母安人

應氏 倜繼母安人　陳氏 倜妻安人

呂權 升祖中憲大夫　唐氏 升祖母太恭人

呂文著 升父中憲大夫　陳氏 升母太恭人

范氏升妻恭人　葛氏升繼室恭人

陳氏升繼室恭人

徐垣琦父崖州知州　楊氏琦母宜人

王氏琦妻宜人

馮讜珏父南京刑部廣東司主事　張氏珏母安人

駱氏珏妻安人

駱章瓏父左軍都督府經歷　丁氏瓏繼母宜人

陳氏瓏妻宜人

陳元魁賞父兵部武庫司主事承德郎　駱氏賞母安人

鄭氏賞妻安人　馬氏賞妻安人

傅丹燦父福建按察司經歷文林郎　瞿氏燦母孺人

范氏燦繼母孺人　俞氏燦妻孺人

翁珪溥祖兵部左侍郎通議大夫　馮氏溥祖母淑人

翁銓溥父兵部左侍郎通議大夫　陳氏溥母淑人

黃氏溥妻淑人

俞氏呂公愿妻淑人　俞氏呂詵妻孺人

俞氏呂欒妻孺人

楊玘止父羽林前衛經歷徵仕郎　孫氏止母孺人

駱氏　止妻孺人

駱驂　問禮父行人司行人修職郎

陳鶴鳴　性學父通奉大夫　　樓氏　性學母夫人

馬氏　性學繼母夫人　　駱氏　性學妻夫人

黄池　壁父太倉州判　　翁氏　壁母孺人

應氏　藪妻恭淑夫人　　舊志缺

孫繼祖　紀父徵仕郎　　王氏　紀母孺人

劉氏　紀妻孺人

楊士蛟　肇泰父中憲大夫　　朱氏　肇泰母宜人

樓氏肇泰繼母宜人　蔣氏肇泰妻宜人
郭三錫元佐父文林郎　樓氏元佐母孺人
蔣氏元佐妻孺人
錢元旦時父奉政大夫　王氏時母安人
鄺氏時妻宜人
壽錫成學父登仕郎　王氏成學母孺人
陳氏成學母孺人　朱氏成學妻孺人
溫氏成學妻孺人　蕭氏成學妻孺人
壽久成羙父文林郎　趙氏成羙母孺人

王氏成義妻孺人

國朝

余元文縉父山西道御史　趙氏縉母安人

酈希皐引昌父奉政大夫　馬氏引昌母宜人

黄氏引昌妻宜人

虞國梧宗岱父奉政大夫　陶氏宗岱母宜人

何氏宗岱妻宜人

章鼎新平事父文林郎　傅氏平事母孺人

駱意起明父文林郎

余縉勑浩父奉政大夫　鄭氏勑浩母宜人

李氏勑浩母宜人　陳氏勑浩妻宜人

黃氏勑浩妻宜人

徐氏勑澄妻孺人　徐氏勑澄妻孺人

錢芳肅洪袠父文林郎　王氏洪袠母孺人

陳氏洪袠母孺人　壽氏洪袠妻孺人

錢廷樞世勳父文林郎　陳氏世勳母孺人

俞氏世勳妻安人

壽佺致潤父翰林院檢討奉直大夫　趙氏致潤母孺人

陳氏致潤母孺人　張氏致潤妻孺人

樓氏致潤妻孺人

壽予濟運焻父文林郎　朱氏運焻母孺人

楊學泗三炯父承德郎　方氏三炯母安人

王氏三炯生母安人

傅翼學灝祖文林郎　氏學灝祖母孺人

傅愷學灝父文林郎　蔣氏學灝母孺人

趙氏學灝妻孺人

余毓湘文儀祖福建臺灣道中憲大夫　蔣氏文儀祖母恭人

余懋杞文儀父福建臺灣道中憲大夫　王氏文儀母恭人

壽氏文儀妻恭人

錢氏余懋棟妻孺人　何氏余懋棟妻孺人

余毓泳仁祖儒林郎　鄭氏仁祖母安人

張氏仁祖母安人　羅氏仁祖母安人

余懋樫仁父儒林郎　周氏仁母安人

李氏仁妻孺人

楊學洵倎祖承德郎　朱氏倎祖母安人

楊通樞倎父承德郎　張氏倎母安人

余懋楠 蛟父鎮江府通判承德郎　孟氏 蛟母安人

鈕氏 蛟妻孺人

金守勤 鶴凌父儒林郎　鍾氏 鶴凌母安人

蔡氏 鶴凌妻安人

楊國璋 森父文林郎　蔣氏 森母孺人

姚琛 枝薇父登仕郎　蔣氏 枝薇母孺人

應繡 敳祖儒林郎　樊氏 敳祖母安人

應文集 敳父儒林郎　酈氏 敳母安人

俞氏 敳繼母安人　蔣氏 敳妻安人

陳祖儀元龍父修職郎

宣源德仁祖懷遠將軍　戴氏德仁祖母太淑人

宣有敬德仁父懷遠將軍　張氏德仁母太淑人

毛氏德仁妻淑人　俞氏德仁繼妻淑人

王閣逢春父明威將軍　郭氏逢春母恭人

蔡氏逢春生母恭人　斯氏逢春妻恭人

趙一象斌父明威將軍　楊氏斌母恭人

邊氏斌妻恭人

阮成斌三仁父武德將軍　虞氏三仁母宜人

李氏三仁妻宜人　陳氏三仁繼妻宜人

毛氏三仁繼妻宜人

陳端化元勳曾祖榮祿大夫　王氏元勳曾祖母一品夫人

陳崑元勳祖榮祿大夫　何氏元勳祖母一品夫人

陳瑜元勳父榮祿大夫　孫氏元勳母一品夫人

蔡氏元勳妻一品夫人　金氏元勳繼妻一品夫人

袁佑啟大鶴祖武德郎　黃氏大鶴祖母宜人

袁銳大鶴父武德郎　趙氏大鶴母宜人

楊三畏琮父明威將軍　屠氏琮母恭人

樓宗夏賡榮父修職郎　駱氏賡榮母孺人

壽棡元勳父登仕郎　王氏元勳母孺人

酈琢宗綋父儒林郎　俞氏綋母安人

吳氏綋繼母安人　俞氏綋妻安人

周氏綋妻安人

佘樾桐文曾父登仕郎　袁氏文曾母孺人

酈侯承燾父登仕郎　郭氏承燾母孺人

阮静山斌父登仕郎　吳氏斌母孺人

馮錫仁紹尭父登仕郎　丁氏紹尭母孺人

廕敘

宋

王琰榕子衡州知州有傳列循吏

王友粹巽之子彬州知州

王浚友粹子遂昌縣丞

宣承德珙子評事

元

王仲楊艮子如皋縣主簿

明

翁餘忠溥子太僕寺主簿歷南京左府都事

國朝

酈逢時引昌子考授知縣

宣化成德仁子蔭襲守備未仕卒

宣鉞德仁孫補蔭守備

例貢

明

應琅　傅燦梧州府通判

鄭天駿潁州判官　徐九萬永豐縣丞

黃滸延平府知事　駱世茂江陵縣丞

陳表楚府典儀　徐九思

陳堂　陳褒封廣東左布政

楊雲鵬邳州州判　楊雲鸞

蔡炳縣丞　徐九齡

朱夒 柳州衛經歷　趙琨 鴻臚序班

趙錦　周晃

周臺 吳江主簿　陳民望 廣州府照磨

俞應龍　屠珀

楊止 高唐州判官　樓夢弼

樓守成 遼東行大僕寺　樓守良

陳道成 洱海衛經歷　俞良心

楊守譙 武進縣主簿　郭從華 鳳陽縣丞豹韜衛經歷

傅濂　樓崇武

郭從萃靈璧縣丞　駱九成宿州判官

傅葉　黄璽授王府經歷

宋雲鵬　宋承祿

鄺琥主簿有傳列儒林　壽成學壬子科舉人大寧都司經歷

徐秉衡主簿　陳鶴鳴楊州府經歷有傳列循吏

郭夢麟　郭三仁州同

蔣繼科　樓崇仁

翁餘福　俞思信

宋承祐　周繼春

何紹光　楊道
陳仁　錢大華
郭全讓　翁洙
應世俊　蔡于達
郭全仁　黄珂
汪鼎　楊天時揚州太興縣丞
翁餘恩　袁子龍
斯近信沙縣縣丞　壽以仁
郭孝悦　楊惟明四川蜀府紀善

應世卿徐州同知
趙鑑雷州徐汶縣丞
朱衣
郭全才
周繼夏丁卯舉人戊辰進士
孟宗魯
趙暠
楊道東
何鵬
楊道復
何一心福建漳浦縣丞
王必成
陳心學
王國棟
王廷璽
蔣繼華
黄埕
楊慕舜湖廣荆州府紀善

壽起祥　錢耀

朱有光　壽秉彝

酈希董　翁餘愿

壽成能　趙雲鵬

何一本南直武進縣丞　毛立意

何永吉　袁承恩鄱陽縣丞

陳文學山東泰安州州判　陳憲學

陳嘉謀沂州判官　楊富春山東鹽運司經歷

駱中行　石應珎

周思稷　周維禎
侯應懷　黃文章
駱敷行　壽堯臣辛卯舉人甲辰進士
駱先行　楊茂春
趙世廉　周維城
趙世臣　楊喬林
孫允誠　壽一麟湖廣龍陽知縣
樓成梧　樓應斗
楊肇安內閣中書　何維元開縣知縣

何應暘福建光澤縣丞　何夢斗

何昌賢　徐士瀛湖廣新寧知縣

何元試　周經才嘉善主簿

陳洪綬積分貢生有傳列隱逸　駱方辰

駱繡　何文華

國朝

趙之璘考授理問　壽佺漳浦縣丞有傳列循吏

壽功偉　姚枝輝

趙焜　斯廷瑛

趙象聖　趙寅

錢嘉祚　鄭鼎銓

錢道生　趙凝錫永康教諭

趙凝濬　石鈞生員捐

鍾鼎銘　石宏猷生員捐

郭錦　郭銈

蔣三立象山訓導見象山縣志　袁思聰廩生捐

蔣忠德生員捐　傅學涵

陳希旦增生捐君祠族祖敬基註　酈鼎鉶

石之瀚　黄運晟
陳宏儹生員捐　蔡希賢
石國榮　楊增益
毛詩　毛育生員捐
駱元鎮　蔣志讓
何嗣籛　張爾鋮府學生員捐
石國勳府學生員捐　姚有僩
姚樞生員捐　郭家佑
郭炤　逷安生員捐

追文學　孫宗智生員捐
丁汝霦　何天礽
虞作霖　呂藍璧
王殿鼎　壽國棟
壽國權生員捐　許紹祿
蔡家駒捐賑議叙　徐秉衡捐賑議叙
徐柞樞生員捐　蔣聯生員捐
蔣元瑾　鄺其浩
張川學生員捐　楊如璘

金連生員捐　馬永芳

陳宏佺生員捐　陳士光

壽嘉裔　壽邦達

楊之謙　楊璇德捐賑議叙

毛顥　毛順

孫敏　孫炆

郭帝簡　郭于藩

郭宗熹　郭于宣生員捐

俞鷹乾澤州吏目　趙孚遠生員捐

馮鰲生員捐　蔡方澍
袁麟徵捐貤議敘　袁千齡
蔣光猷　蔣光朝生員捐
孟廷瑞　孟占先生員捐
蔣振　何珩
何體仁生員捐　何永煓
阮濤生員捐　袁南齡
袁浚　袁淇捐貤議敘
郭文燦　毛顒

袁學洙　周夢彪
金廷標　毛棟
趙全智　周殿忠
章廷標　章可大捐職州同
章可平　章嘉學捐職州同
趙文進　周殿孝捐貤議叙
黃江鰲　陳絅
壽善廣　郭尚典生員捐
陳御鈿　毛顒

蔣五紀生員捐　程位生員捐
周楝生員捐　楊大智
余志良生員捐　余延良
王紹漢　石廷楷
石廷桂　宣湧
宣文瀜生員捐　周公瑗
章炳　趙廷梧
章奐生員捐　張景
章士鳳　章士鰲

徐宏　趙榮述

蔡大庭

名宦

令煦煦以字民稱父母奕禩而遥猶仍雲之義焉想一時坐棠敷惠恩纒去思剖竹垂仁式歌來暮迄於今或婆娑於遺廟或洋溢於口碑含淳咏德思而不忘是宜舉其卓卓以敦沮勸謹錄自漢以來至於

國朝取其共徵共信者著爲傳分令及丞尉及學官並以昭兹來許前規後隨民其永有攸塈乎志名宦

縣職

漢

張敦（浦陽人物記）字伯仁浦江人為諸暨令海寇二百餘人剽掠為患悉平之轉重泉令民悅其化累官至車騎大將軍

（隆慶駱志質實篇）朱志令載漢張敦黃武元年壬寅任徐志又云縣令著自東漢有張敦者浦江人今按漢張敦未有考吳張敦吳郡人曾補海昏令黃武吳年號也陸凱於是時為諸暨長豈緣是而誤與且漢時未有浦江縣此係撰出無疑

謹按漢諸暨縣令張公敦為崇祀名宦之首固宜錄之為名宦列傳之首而纘亭先生疑其撰出削

而去之考浦陽人物記載有張敦為諸暨令其書為宋濂撰此宜可徵而信者又考金華府志載有漢諸暨令張敦墓在縣東四十里此亦一徵也據浦陽人物記浦江張敦字伯仁考吴録吴郡張敦字叔方自是兩人況張敦之與陸凱此并無亥豕魚魯之見訛者又何疑第朱志以為黄武元年壬寅任者未知何據徐志於東漢書浦江人則明為後人追書之詞據十國春秋係吴越改婺州浦陽縣為浦江縣據順存録則梁貞明三年改於此見纘亭先生考覈精詳原未嘗輕心掉之

三國吴

陸凱（吴志本傳）字敬風吴郡吴人丞相遜族子黄武初為諸暨長有治績孫皓立遷鎮西大將軍進封嘉興侯寶鼎元年遷左丞相乃心公家義形於

色表疏皆指事不飾忠懇內禁建衡元年病卒

南北朝

傅琰〔南齊書本傳〕字季珪北地靈州人美姿儀宋永光元年補諸暨令泰始六年遷山陰爵新亭侯元徽初遷尚書右丞諸傳有治縣譜子孫相傳不以示人

〔南齊書本傳〕太祖輔政以山陰訟獄煩積復以琰為山陰令賣針賣糖老嫗爭團絲來詣琰琰不辨覈縛團絲於柱鞭之密視有鐵屑乃罰賣糖者二野父爭雞問何以食雞一人云粟一人云豆乃破雞得粟罪言豆者縣內稱神明無敢復為偷盜

志為諸暨而錄凡不關諸暨者例不採掇入傳然有功德材行志義之美足以資人聞見者間亦分注傳後

後倣此

卞彬〔萬歷紹興府志〕字士蔚齊建武中為諸暨令俊拔有才長於詞賦然飲酒自放仕故不達〔舊浙江通志〕宋上虞令延之子俊拔有才而與物多忤不得仕進乃為枯魚賦以喻意建武間為諸暨令後為南康郡丞

謹按南史卞彬傳初為南康郡丞永元中為平越長史綏建太守卒官並無令諸暨之文其傳末附云又有陳郡袁嘏自重其文謂人云我詩應須大材迮之不爾飛去建武末為諸暨令被王敬則賊

所殺豈其因此而悞與

蕭眎素（南史本傳）眎素梁天監中位丹陽尹丞遷司徒左西屬南徐州中從事性靜退少嗜慾好學能清言榮利不關於中喜怒不形於色及居職並任情通率不自矜尚天然簡素後爲中書侍郎求爲諸暨令到縣十餘日掛衣冠于縣門而去

（隆慶駱志）舊志令載梁蕭眎素累遷中書侍郎在位少時求爲諸暨令到縣十餘日掛衣冠縣門而去按梁書蕭本傳並無諸暨令之文且世豈有中書侍郎而可復爲縣令者朱志作蕭眎尤無考矣

謹按梁書本傳誠無諸暨令之文而南史載之甚明駱志削之悞矣

裴子野（梁書本傳）字幾原河東聞喜人少好學善屬文除尚書比部郎仁威記室參軍出為諸暨令在縣不行鞭罰示之以理百姓稱悅合境無訟初子野曾祖松之宋元嘉中受詔續修何承天宋史未及成而卒子野常欲繼成先業及齊永明末沈約所撰宋書既行子野更刪撰為宋畧二十卷其叙事評論多善約見而嘆曰吾弗逮也蘭陵蕭琛北地傅昭汝南周捨咸稱重之吏部尚書徐勉言之於高祖以為著作郎掌國史及起居注子野為

文典而速不尚靡麗制多法古或問其爲文速者子野答云人皆成于手我成於心少時集注喪服續裴氏家傳各三卷抄合後漢事四十餘卷又敕撰衆僧傳二十卷百官九品二卷附益諡法一卷方國使圖一卷文集二十卷又欲撰齊梁春秋始草創未就而卒

唐

郭密之（萬歷紹興府志）天寶中令諸暨建義津橋築放生湖漑田二千餘頃民便之

宋

吴育　歐陽修吴育墓誌字春卿新鄭人明敏勁果強學博辯能自忖度不可守不蔑已蔑莫能屈奪天聖中舉進士試禮部爲第一遂中甲科初以大理評事知諸暨縣爲政簡嚴所至民樂其不擾去雖久愈思之累官資政殿大學士贈吏部尚書謚正肅

寇仲溫　萬歷紹興府志慶歷初令諸暨未明視事亭午皆畢興學校廢溪祀父老稱之

丁寶臣（王安石丁寶臣墓誌）字元珍晉陵人景祐中以進士起家用舉者遷太子中允知越州剡縣始至流大姓一人而縣遂治除弊興利甚衆遷博士就差知越州諸暨縣其治諸暨如剡越人滋以寶臣為循吏（歐陽修丁寶臣墓表）寶臣外和怡而內謹立望其容貌進趍知其君子人也治州縣聽決精明賦役有法民畏信而便安之其始治剡也如此後治諸暨剡鄰邑也其民聞其來讙言曰此剡人愛而思之謂不可復得者也今吾民乃幸而

得之而實臣亦以治剡者治之由是所至有聲其後天子患館閣職廢特置編校八員其選甚精乃自諸暨名居秘閣累官尚書司封員外郎

王安石祭丁元珍學士文我初閉門屈首書詩一出涉世茫無所知援挈覆護免于阽危雖培浸灌使有華滋微吾元珍我始弗殖如何棄我殞命一昔以忠出恕以信行仁至于白首困厄窮屯又從躋之使以蹭蹬豈伊人尤天實爲此有槃彼石乃誌於郎雖不屬我我其徂求請著君德銘之九幽

以馳我哀

不在醪羞

歐陽修祭丁學士文嗚呼元珍善惡之殊如水與火不能相容其勢然爾故鄉人皆好孔子不然惡於不善然後爲賢子之美才懿行純德誰稱諸朝當世有識子之憔悴遂以湮淪問孰惡子可知其

人毀善之言譬若蠅矢點彼白玉濯之而已小人得志蹔快一時要其得失後世方知受侮被謗無如仲尼巍然衮冕不祀桓魋孟軻之道愈久彌光名尊四子不數臧倉是以君子修身而俟攖攖姦愚經營一世迫榮華之銷歇嗟戕沒其誰記是皆生則狐鼠死為狗彘惟一賢之不幸歷千載而猶傷自古孰不有死至今獨弔乎沅湘彼靈均之事業初未見於南邦使不遭讒於放斥未必功顯而名彰然則讒人之致力乃借譽而揄揚嗚呼元珍道之通塞有命在天其如予何孔孟亦然何以慰子聊為此言寄哀

一奠有涕漣漣

吴文懋　隆慶駱志　為政寬平洞知民隱

陳端禮　隆慶駱志　剛正嚴重化民以善去之日如始至

錢厚之　姜紹　劉炳〔嘉靖浙江通志〕寶臣之後有令錢厚之當建炎中奏減買絹四之三以紓暨人之困姜紹請粟於朝得萬餘石以賑暨人之饑劉炳疏免淘金之役〔隆慶駱志〕姜紹字維之劉炳字汝光嘉定間令

陳煜〔隆慶駱志〕廉靜愛民庭無留訟吏不敢欺

郭允升〔隆慶駱志〕爲政明敏朝訟暮決判語下人輒以箴銘書之

熊克〔宋史本傳〕字子復建陽人御史大夫博之後紹興中進士知諸暨縣越帥課賦頗急諸邑率督

趣以應克曰寧吾獲罪不忍困吾民他日府遣幕
僚閱視有無時方不雨克對之泣曰此豈催租時
耶部使者芮輝行縣至其境謂克曰曩知子文墨
而已今乃見古循吏爲表薦之累官學士

汪綱〈萬歷紹興府志〉字仲舉黟縣人初知暨蕭二
邑歷浙東提刑並有異政改知紹興兼安撫浙東
訪求民瘼羅行之諸暨十六鄉瀕湖諸鄉賴以灌
漑勢家多侵湖爲田水壅不得去雨稍多輙汎溢
歲爲諸鄉害綱奏奪侵者不徇請託湖始復舊備

緡錢三萬歲爲築塘費塘始永固紹定元年召赴
行在帝曰聞卿治行甚美越民何如對曰去歲水
潦諸暨爲甚今歲幸中熟十年之間千里晏如皆
朝廷威德所及臣何力之有尋以户部侍郎致仕
謹按汪公知暨蕭二邑查二邑職官志皆無之豈
以列在郡守不重出耶本傳履歷甚明況其後知
紹興惠及暨人亦復不少故宜補傳如右考王會
新編則直列暨邑名宦而政績略同然載奪侵復
湖在令暨時似不若
改知紹興時爲核也
劉伯曉（於越新編）山陽人嘉定中令諸暨值雷雨
累日夜洪水交作漂民畜田舍無算伯曉掩泣奔

救力請於朝得蠲稅一年田之不可復者除其籍

〔隆慶駱志〕劉字晦之

家坤翁〔於越新編〕眉州人寶祐間令諸暨能文章好獎掖儒彥甚有政績嘗築長官橋爲長堤障水植栁其旁人號家公萬栁堤

〔隆慶駱志質實篇〕朱志名宦載宋文彥博今按潞公本傳及進士第知翼城縣通判絳州詩話黄紬被裏放衙之説又云榆次縣並無仕諸暨之文彧曰事見小説舍史傳不信而小説可乎

元

馮翼〔於越新編〕濟寧人元貞初知諸暨州始至察

民隱鋤擊奸豪鄉胥有舞文增稅者悉釐正之民病山園稅重遂多拋荒乃請於總管但以中統鈔准輸田租而免山園之稅又奏罷採金之役政暇輒引諸生講論經史使州吏環聽皆凛凛色動及去任民遮留不得建祠祀之〔隆慶駱志〕馮翼字君輔至元中為縣令元貞元年陞縣為州即知州事大德二年新建都水庸田司遂遷任焉〔浙江通志〕按舊志作米德孚未知何據存以俟考

于九思〔於越新編〕薊邱人大德間知諸暨州俗好

許牒詐紛然九思察情僞得其尤無良者痛繩之飭厲學校選擇秀茂示以禮讓嚚譁寖衰或言地產水晶砂金調民丁採之闔境騷動九思力陳無產狀遂罷其役後爲紹興路總管號良二千石〔隆慶駱志〕于字有卿

單慶〔於越新編〕濟寧人大德間知諸暨歲饑且疫慶曲盡捄災之策民感更生慶益接以寬和有爭於庭者進而兒女語之皆慚沮去盜化爲良鞭箠幾措有虎入市慶爲文告城隍三日虎死浙東蝗

飛蔽天入境咸抱竹死歲且屢登及卒民皆巷哭挽柩而送者數千人（隆慶駱志）單字吉甫

楊也速答兒（隆慶駱志）山西人知州事平易得民及滿任前州判官黃溍爲文送之

黃溍文

諸暨古望縣也仕爲者往往憚其俗險而不易治務出聲威以臨之恩意日益薄愚民無知苦吏急而不自安始有懷殺飾詐投隙而起者本其所以至此由御之乖其方非人性然也異時之賢守有爲之樹碑者有爲之立祠者好德之心曷嘗一日亡況是州之人或出而以才顯或處而以尚義稱俗豈不美治之豈誠不易哉特患夫爲政者莫知以平易近民耳楊侯其知以平易近民者與侯仕於京師最久補外得汝州政成又徙諸暨其治汝如在京師治諸暨如在汝不以地

之遠近俗之厚薄變其志居之三年未始鄙夷其民一切除去苛娆而與之相安於其事不致殻於形迹之間而人自不欺向所謂愚而無知者亦靡然從其化盖平易近民之效也

明

欒鳳 隆慶駱志 字棣德高郵人至正己亥明兵下諸暨以鳳知州事廉謹愛民治多政績 明史胡大海傳 欒鳳知諸全有能聲方士信來攻與謝再興力守數出奇兵挫敵 於越新編 時州民初附軍士下鄉索糧民不勝擾鳳乃置倉出納上下便之院判謝再興叛以兵脅鳳鳳不屈刀加頸氣益厲鳳

妻王氏以身翼蔽皆死之

〔駱志質實篇〕徐志載知州欒鳳判劄牛舌今按判劄牛舌乃宋包孝肅事縱鳳有之亦用其故術耳

田賦〔於越新編〕蒲圻人洪武初知諸暨時兵燹之後官吏皆寄宿民家賦夙夜經畫招撫流散墾闢草萊興起學校無不竭心力而營建亦稍備焉〔駱志〕

田字立夫洪武初知州事明年改縣遂為知縣

孟貞〔隆慶駱志〕洪武初知縣事操守正大庭無滯獄

張真〔萬歷紹興府志〕姑蘇人洪武末知諸暨性鎮

重廉介是時縣始去兵民稍營聚而湖山間土最瘠以賦重皆棄不耕元知州馮翼力請蠲賦乃始佃墾至是司國計者欲履畝升科百姓憂懼真持不可以身為請乃得減其賦額至今賴之

熊禮（於越新編）臨川人永樂初知諸暨詳於治體使者抵金澗山取金民皆閧擾禮與府判董琎極言山本無金前時淘采無獲不可復啟禍階使者按視得實事遂寢

吴亨（於越新編）字通夫鄆城人永樂中知諸暨清

介方嚴悉心撫字縣湖田堤壞頻年苦潦亭疏請築堤遏防堅固水不能齧民享其利尋以目眚免官貧不能歸遂寓安俗鄉卒而葬焉民率錢表其墓曰清廉縣令吴公墓

許璽（隆慶駱志）高郵人正統初知縣事寬厚勤敏鞭扑不施未幾以憂去鄉民送者填塞道左

張鉞（於越新編）河南新安人正統末知諸暨縣訟清徭省飭學宫修縣廨易浮橋以石梁凡所建置皆遠猷大利會栝蒼盜起轉逼壓境而暨東南鄙

有大山當婺越界居民葉氏盤據其間素不奉法

將應盜鉞潛率義士夜搗其巢羣醜奔散盜不敢

復窺縣賴以安〈隆慶駱志〉張字大器義

士黄叔威蔡宗永等

潘珎〈分省人物考〉字玉卿婺源人宏治壬戌進士

授諸暨知縣政務循良不事苛矯創建預備倉更

拓養濟院新孔子廟程力計工民不知勞陞大理

寺右評事歷南京兵部右侍郎致仕〈萬歷紹興府

志〉時縣事久廢案牒叢委珎尚少年而摘發奸伏

過於老吏旬餘百廢具舉〈明史本傳〉正德中歷官

山東僉事分巡兖州遷福建副使湖廣左布政使嘉靖七年以右副都御史巡撫遼東累遷兵部左侍郎褫職歸尋以恩詔復官琭廉直有行誼中外十餘薦皆報寢卒贈右都御史

朱廷立（浙江通志）字子禮通山人嘉靖初知諸暨縣先是縣有額外長短差歲費民財八百餘兩廷立為蠲除之山會二縣有海堤之役議者令暨亦歲出夫錢廷立曰居民守土各有分域禦災捍患從其封疆山會之堤而暨與修之暨亦歲有湖堤

之役可率山會之民從事乎郡爲羅之作訟誡勒諸石諭民無相告訐置鼓于獄因繫有所苦令擊以聞後遷監察御史官至禮部侍郎

王守仁書朱子禮卷

子禮爲諸暨宰問政陽明子與之言學而不及政子禮退而省其身懲已之忿而因以得民之所惡也窒已之慾而因以得民之所好也舍已之利而因以得民之所趨也惕已之易而因以得民之所忽也去已之蠹而因以得民之所患也明已之性而因以得民之所同也三月而政舉歎曰吾乃今知學之可以爲政也已他日又見而問學陽明子與之言政而不及學子禮退而修其職平民之所惡而因以懲已之忿也從民之所好而因以窒已之慾也順民之所趨而因以舍已之利也警民之所忽而因以惕已之易也拯民之所患而因以去已之蠹

也復民之所同而因以明已之性也朞年而化行嘆曰吾乃今知政之可以為學也已他日又見而問政與學之要陽明子曰明德親民一也古之人明明德以親其民親民所以明其明德也是故明明德體也親民用也而止至善其要矣子禮退而求至善之説炯然見其良知焉曰吾乃今知學所以為政而政所以為學皆不外乎良知焉信乎止至善其要也矣

徐履祥（隆慶駱志）字子旋長州人嘉靖壬寅知縣事明敏有為加意作人葺紫山書院敦禮師傅以教凡在遠所谿谷山澤之民無有不知向學者（建置記）履祥重建廟學於學前環西築一隄人呼徐公隄

梁子琦　錢德洪學記號石渠壽州人隆慶丁卯宰暨為政以開悟人心為本潔身澡德貞志立教未朞月政平民熙　姜子羔梁公橋記縣南十里許曰黄白山渡設官舟覆溺千計乃謀疊石為柱鋒前規後南北飛亘穹然若虹暨民德之號梁公橋

汪應泰　定海縣志臨清人由進士任諸暨破巨奸翦劇盜有能聲當事以定海為巖邑故調後名為刑部主事

謹按汪應泰後有時偕行亦由進士授諸暨調定海俱載定海縣志然查職官志汪應泰以萬歷十

四年任時偕行以萬歷十八年任而定海縣志謂萬歷十五年奉詔經量田地山蕩偕行履畝躬親里胥無所容其奸則是未任諸暨而先任定海矣編年必有一誤

謝公與思有德政碑時公偕行有生祠碑俱載藝文志傳故不贅

尹從淑〔章志〕字道傳四川宜賓人萬歷甲午以進士知縣事惠愛廉明修學宮築大侶湖圩閘建文明閣葺紫山書院凡所舉措悉規久大〔駱問禮食貨記〕辨糧侵漁弊多害難枚舉從淑定為清收之法析户析丁實收實拆立石縣門永為法守

陳允堅〔浙江通志〕號毅軒長洲人萬歷進士授諸

暨縣治尚愷悌勸民息訟調繁石門士民攀轅者百餘里歲時走石門謁之〔紹興府志〕子仁錫進士第二崇禎中贈允堅翰林春坊

劉光復〔浙江通志〕號貞一青陽人萬歷戊戌進士任諸暨縣暨介萬山間而七十二湖處於下流山田易旱湖田易澇民常患之光復相度地勢壩麻溪導七堰旱澇有備又於諸湖中畫為經界築長圩以捍水沿江起大隄開水門以時啟閉立圩長數十人圩之坍塌令督領培補浣江出縣界地勢

犬牙水至此盤渦不瀉上游潰溢光復欲直其江以地屬蕭山率民夫數百人一夕開通謂之新江水患大減著有經野規畧一書置義田數百畝貯租備賑立義塚百餘處掩骼埋胔停喪溺女錮婢及同族為僕之弊相沿不已光復悉革除之紹興府志後歷官御史神宗定儲事光復贊成之見統紀暨民追思建祠凡六十三所

陳性學送劉令君入計序劉令君卓犖善任事廉發姧非有楨語旁舍旦詰諸庭者匹夫機既露兩造並惶恐請臯出既就舍則亡不駴詫流汗竊怪令神明也其所簿讞經

年猶能誦其始末了了民於昏暮一過即已往能物色之民自以無欺夜有父子並守麥並為盜殺吏意其仇為之捕而考掠十年不決波及逮者相繼瘐死君至未幾錄麥獄令閽者縱邑人入觀麥獄君先為博景掠所逮逮亦微聞其知其事因大呼而卒惶急誤呼其名有旁觀者竊訝其非是君顧而詰之果即殺人者自言偕兩人盜其麥不虞為所見故殺之歸而悔諸母母驚起為隣某竊聞故云某知其事也於是窮究悉合遂抵法一郡稱明中黃門出治礦稅閭巷震恐依山谷者多徙去君曰浙古揚州地禹嘗制荆揚貢三品湯鑄莊山周卝人守厲禁固不足為聖朝病獨計典守渫惡經制失節流禍元元守令貴在調停若嘵嘵過激即福山益都以及南康何裨哉是時督府及部使者亦深念第酌輕重賦而入之中黃門無令胥徒入市而君摧賦尤均平即礦使至縣門亦預治器具直詭席舉身語之高帝卻礦議憲宗亦錮河南況邇者礦氣獨盛于青兖之間暨產極微不足償

供餽耳使者以君之言婉而有理
遂升車去秋毫無所犯皆君德也
謹按劉公政績多在水利而此序在蒞
任之初轉足補本傳所未備故節錄之

黄鳴俊（章志）字跨千福建興化人由萬歷己未進
士知縣事緩征薄罰平易近民有大獄輒反覆求
生不忍即置之法後調會稽歷學兵兩道陞巡撫
都御史宦浙數十年尤惓惓於暨暨民尤德之
謹按甲申之變浙撫黄公鳴俊起兵勤王
事見毛西河宗周劉公正宸章公諸傳

唐顯悦（章志）字梅臣福建仙遊人由天啟壬戌進
士知縣事臨事坦易御衆和平性好奇喜山水書

法尤精時遊苧蘿探洞巖多題名石上雖絶險不避

王章〔明史本傳〕字漢臣武進人崇禎元年進士授諸暨知縣少孤母訓之嚴及為令祖帳歸少暮母訶跪予杖曰朝廷以百里授酒人乎章伏地不敢仰視親友為力解乃已治諸暨有毅以才調鄞縣諸暨民與鄞民爭挽章至相譁〔舊浙江通志〕章稟性誠篤潔己御下諸所利弊漸興革民賴以安〔邵長蘅三忠傳〕調繁改鄞鄞人来迎暨人逐之曰王

君我父也鄞何與鄞人爭之曰王君我父也暨安得留韋兩慰遣之乘夜啟門牡去治鄞如暨兩邑皆肖像以祠擢御史殉甲申難

國朝賜謚節愍

錢世貴（浙江通志）字聖霑江南青浦人崇禎庚辰進士涖暨二載值歲大祲殍亾相枕藉世貴設法賑濟民賴以生縣治堂署廊廡傾圮庀材鼎新釐正民間權量至今畫一

陳子龍（明史本傳）字卧子松江華亭人生有異才

工舉子業兼治詩賦古文取法魏晉駢體尤精妙

崇禎十年進士選紹興推官（浙江通志）子龍為紹興司理署諸暨篆時歲大饑奸民誘聚亡命肆行剽掠子龍以計擒之民賴以安

蕭琦（浙江通志）號翰若吉水人崇禎甲戌進士由水部主政左遷知諸暨縣暨民健訟琦片言折服庭無留牘癸未冬東陽人許都倡亂時承平日久人不知兵數百里内外無不震駭奔竄琦閉城靜鎮人情始安

國朝

朱之翰〈紹興府志〉號寉門江南上元人順治丁亥進士戊子春來蒞暨氷櫱自矢時以初歸順羣盜未除民無寧宇之翰下車單騎至賊巢招撫賊感其誠信漸解散計任事三載未嘗以折獄取一贖鍰丁艱去民思之建祠祀焉

毛奇齡朱公治行錄序浙東二暨爲秦時所分邑而漢魏以還惟予邑餘暨屢更其名而諸暨之稱至今不易則其邑之重巋然自立不與斯世爲推移槩可知矣邑侯朱公由名進士起家作天子命吏出宰是邑人之望公如望歲其責備周詳有

非他邑可比擬者乃不一載而多士誦之庶民謳之覺從來惠化之速無過於此然且郵亭父老編輯所為詞不遠百里各不以予為不當而踵門而告予以序其故有三一則二暨不相隔也一則鄉官居左塾教導里門可以周知列國之政與治也一則以予年滿八十其言可信也顧予則重有感者當予避人時出走維揚維揚人藉藉稱直崖朱先生為昭代名賢能以經術起於人而其趨鯉庭而習詩禮者即公也暨予入史館同館官郎君洗馬喬君侍讀亟推公人倫南國克領袖羣彥將以學古入官舒攬轡澄清之志而逮今而卜仕百里以治行聞夫功德之錄類乎從諛褻非士君子所宜為況朞月政成似蛾子待化不無過神而乃証乎昔而驗乎今因其已然而進觀其所未至則其言有徵不翅如塾師耄年可高譚得失如前所云者然且二暨雖同封而究為兩地夫編户之民九親八口皆隸其分部其因而加譽或亦應有而予則垂老隣界闔户不言事何求於長官而以詞為

佞亦又何利則其言之公雖微父老請亦必謂無可渝者又況輿人有誦古則採之入鄉校而議執政之善否古則書之然則今茲之錄亦猶行古之道也雖以之宰天下有如此錄已衆曰善遂書其言以為叙

劉餘珽〈余縉劉侯序〉號鶴山皖城人祖景孟於隆萬間分符山陰有惠政餘珽蒞暨時適羣盜蝟起邑城覆爲四郊士民望風潰竄當孫壘初復諸大師秣馬厲兵謀所以盡殲餘孽者餘珽曰是輩按法固無赦然自古赤子弄兵亦在安集平定之已耳徧請羣帥祈少緩須臾用招徠以戢之紫閬屬

富春界負固者穴焉大帥雲集巷無居人芻粮脂牽之屬百無儲備餘琨一身任之不費民間一錢不徵民間一粒常徒步往来營伍間慰勞慇懃又時出家貲以饗士相感以誠莫有嘩者事平之日懽呼搏顙人慶更生

梁偉（蒼源叢笥）浙西李廣生糾黨行掠杭嘉間屢衂官兵督撫捕之急潛跡入暨縣令梁偉奉檄捕之久不獲令捕者入其黨中乘間取之捕者如其指往因夜行掠被獲解詣縣梁詭曰此非真廣生

勿究押保去李信之因迸力與李亞者六人同飲外伏力士數十人呼喏飲噱甚酣六人故以言挑李李大怒攘臂掀案羣以案覆之李一展足案躍户外數伊將逸六人不能制外伏者奮前以椎擊其顱絶倒獲之論者謂梁公治盜有虞詡趙廣漢之風前此梁耀書宰暨有政聲偉復具吏才時稱前梁後梁

葉蓁章志號存庵山東歷城人以明經任教諭陞知諸暨縣會水災逋賦日積不忍嚴刑前令張國棟以虧賦論斬即掛冠去府使至啟庫藏印信及

所徵錢糧封識宛然及緝審復自歸投見以寬平廉潔會詳得釋後留暨一年民深惜之

毛上習〔浙江通志〕廣西賀縣人康熙二十九年由舉人知諸暨縣捐俸賑饑愛民如子徵粮有法設立義學延師訓誨邑中寒士若坐春風在任三年疾卒奠送者塞道

朱扆〔公舉事實〕號盼陶寶應人康熙丁丑中李蟠榜進士辛巳令暨寶應自前明朱升之父子順治中朱秋厓克生皆以詩名顯扆尤後來之秀其所

著匏槳山莊詩稿已紙貴一時及蒞暨㞐固以斯文爲己任而邑中章縫亦無不惟㞐馬首是瞻㞐尤精於識鑒凡季試月課令糊名易書如棘闈例閲畢予之百不爽一壬午秋賦㞐與同考得佳卷心疑爲邑諸生駱炎薦之既定元二塲爲外簾斥榜後拆卷果炎也人爲擬之文湛持之於大士㞐在任四年解任後留暨復六年問字者踵至臨岐贈以片紙詩句書法並絶至今珍之

卞之釗〔浙江通志〕正白旗人康熙四十七年由監

生知諸暨縣持身廉謹每月遴選鄉耆宣講
聖諭寒暑不輟捐俸脩學訓課生童築湖埂以禦水設
户單以徵粮建粥廠以賑饑聯保甲以弭盜善政
不可枚舉

楊洪（公舉事實）濟寧人由濟陽學博陞任知諸暨
縣事未抵暨已廉得暨俗利弊莅任一月即取最
險健於訟者二人痛懲之一時奸胥蠹吏為之竦
然前此邑紳謁令君皆見於内署洪曰是易以私
相干也因於儀門左側闢一室曰賓賢館或求見

則步出見之衆目咸屬請託遂絶洪治獄不拘故
常能使伸者快屈者亦服尤自爲嚴立程限獄無
留滯任一年竟以勤勞卒官
張長庠〈公舉事實〉字設周號西園繁昌人康熙辛
卯舉人雍正戊申知縣事時
功令嚴禁賭博長庠奉行尤力每夜鼓三下必身出
巡察聞讀書聲機杼聲即獎借之如或博塞以戲
必置之法風聲所至具有神威雖深山窮谷中悉
皆相戒斂跡然無一人怨者後數十年子宗伯成

進士赴任廣東復興道暨田夫野老走相問訊如家人依依不忍去

崔龍雲（公舉事實）字雨蒼僊源人以諸生舉賢良方正

特簡知諸暨縣貞正寡欲而明於知人一與寓目經數年猶識之蒞任既久直如自治其一家中朝夕熟悉者然故吏不敢欺人懷其惠秩滿調海寧縣

翟天翱（公舉事實）字圖南直隸饒陽人由進士令暨介立有清操菲已潔素不饗非其粟初抵任歲

旱湖蕩反稔官收得粟可千計吏以啟翟拒之人服其廉翟樂易近人人皆忘其為官時奉檄督修會義橋渡以舟人爭附之舟沉沒翟踝衆皆懼翟笑而釋之然遇事立斷姦宄譸張洞於觀火任至數年導以德政風化大行責人以言勝於鞭撻後調平湖士民躋堂祖餞酹而請曰自公莅任不聞枉斷一獄何神明乃爾翟曰某惟事事準以情理不聽在官人役一言衆皆嘆曰此治縣譜也當時輿論溯令暨之賢者百年来翟為第一

謹按翟公之後如張公端木暨民去思甚長以健在不敢立傳

縣佐

丞　簿　尉

唐

嚴維〈紹興府志〉字正文，山陰人。爲秘書郎。大歷中與鄭槩、裴冕、徐嶷、王綱等宴其園宅，聯句賦詩，世傳《浙東唱和》。維有詩一卷，藏秘府。

謹按：職官志諸暨尉，唐載嚴維，山陰人，竊以維爲中唐詩人，其詩流傳尚多，而舊志無傳，補如右。又中唐有裴均，亦諸暨尉，盧綸詩可據，而職官志并無其人，則知宋元以前遺佚者什居八九。盧綸詩載藝文志。

宋

全授〔隆慶駱志〕字與卿政和中為縣丞嘗攝縣會
睦寇方臘犯境率鄉民禦却之

吴處厚〔隆慶駱志〕字伯固渤海人或曰邵武人皇
祐五年進士嘉祐中為主簿至任扁其齋曰逍遥
而為之記其為文雄壯喜人意率稱是又有陶朱
公廟碑五洩山玉京洞詩

謹按宋元通鑑神宗元豐四年承議郎吴處厚上
書請立程嬰公孫杵臼二人廟以處厚為將作監
丞哲宗元祐四年安置蔡確於新州確失勢怨望
嘗遊車蓋亭賦詩十章知漢陽軍吴處厚與確有
隙因觧釋其語以為謗訕且論其用郝處俊上元
間諫高宗欲傳位武后事指斥東朝上之中書吴

公事事驚人非徒
逍遥自適者也

元

柯謙（萬歷紹興府志）字自牧天台人判諸暨治獄多平反賦役有困民者力爭於上而除之嘗捕蝗境上有相率為溪祀者取土偶人踣而鞭之以示民曰此不能與命吏共禦菑祀之何益明日毀其祠蝗忽飛去後遷浙江儒學提舉

黄溍（萬歷紹興府志）字晉卿義烏人以進士判諸暨臨下一以誠信巡海官舸例三載一新費出于

民有餘則侵之潛裁縮浮蠹餘錢悉以還給奸民以僞鈔結黨脅人旁及鄰邑株連數百家潛承檄訊之輒引伏（隆慶駱志）有盜假署文牒逮捕二十餘家潛以正盜傳重議持僞文者械還本邑誣者

自明歷官侍講學士謚文獻

明

史子疇（萬歷紹興府志）洪武初爲暨簿剛介有才事至立斷

蕭九萬（嘉靖浙江通志）南昌人洪武歲貢爲諸暨

縣丞嘗書容忍思慮四字疏其義揭門屏間百姓以訟至者必諄諄以是誨之〔隆慶駱志〕年友蕭敏道九萬孫也道其祖後陞華亭縣尹疏民弊五事忤旨被逮臨刑齧指血寫詩報母其句云微臣斬首丹心在尚有英魂返故鄉

錢顯〔隆慶駱志〕吳江人永樂間為縣丞懷才挾器後歷工部主事

李思誠　卭可詔〔萬一樓外集二主簿傳〕李思誠江西豐城人萬歷十三年由武康典史遷駱問禮民心公論序曾讀武康志謂君多才能詩綽有氷蘗聲年強度雅通文墨在任不

問鹽米衙舍蕭然而幹局更優邑人敬而愛之值長吏入覲或曰當有贐不能辦曰吾敬長官以雅道正長官所望我者長吏喜曰有佐如此足慰人心時執海塘役方有功人謂必得美陞而忽轉王官不能治裝寮長曲助之始得行父老皆流涕卭可詔福建上杭人萬歷二十年以貢士授勵志守素一塵不染遇有委勘拘兩造曉諭再四必令自相輸服以末減讞時當道方薄佐貳而簿亦廪廪奉禁令不得少展其材一長吏初下車私贄燕例

頗費適家人至有餘資盡用之家人生難色曰吾
囊羡而敢獨薄吾長官耶及後復有禮際不能繼
曰吾囊罄而敢瀆吾長官耶人以為難所司捕一
士人縛一盜至視其創重即白長吏曰頗有傷姑
弗責且縶之士人方歎其縱而盜卒成篤疾坐是
罷職謂致其疾者薄也萬口寃之

周文煒〔姜宸英周櫟園墓碣〕文煒以國子監生任
諸暨簿能不卑其秩數以事與令抗德施於民然
終以不合解去〔櫟園行述〕文煒祭暨不以卑秩自

解凡事不便民者力爭於令必得當然後已嘗夜出聞户内女子絮泣趨詢之女吴興人北里朱某計購之渡江逼與蕩子夜合女弗從日鞭扑無完膚文煒置朱於法遣役名女毋與俱歸有婦妬妾以炮烙立斃者屬文煒往驗文煒痛治之夫復欲生婦曰毆婢無死法文煒謂即毆婢無死法創非刑斃人固當死奪筆予死後令亦謂毆婢無死法反扑妾父數千人羣飛礮擊令曰令乃不薄若耶其不避強禦如此惠政不可盡述〔櫟園年譜〕萬歷癸亥子亮工年

十二隨文煒赴諸暨主簿任甲子年十三隨文煒
遊五洩便知愛戀山水信筆成詩多雋句乙丑年
十四文煒多所平反以公事恒與令左久之左遷
王府官遂拂衣還白下庚辰亮工成進士乙未擢
户部侍郎
謹按五洩苧蘿逸事周文煒撰

國朝

黄本忠（公舉事實）順天大興人初署壽昌縣事士
民為立去思碑及丞暨益清操自勵邑紳禮餽之
不受令長招之飲亦不赴性僻於詩公事畢輒獨
吟於庭雖饑不輟固窮守死任數年卒於官

學職　學正　教諭　訓導

元

俞長孺〈萬歷紹興府志〉字觀光，新昌人，歷諸暨州學正。治經敦行，刻勵好修，晚年所造益深。教門人務以反身自約，遠近向之。所著有《心學淵源》及詩文共數十卷。

明

袁時億〈浙江通志〉東安人。洪武末，爲諸暨學教諭。深經術，善文章，誘進諸生，未嘗辭倦。時官聯法峻人以田里爲安不肯就學求仕宦及時億至聞有師模乃多從之遊時億著忠臣孝子輔相守令等篇與子弟論說謂得其義謹行之天下國家可幾而理云

〔隆慶駱志〕先是學官多扳鄉儒爲之至時億始從銓選具冠帶倫儒學之儀

羅伯初〔隆慶駱志〕廬陵人永樂初爲學教諭耿介直言後歷翰林院檢討

李永〔萬歷紹興府志〕字懷永蕪湖人成化初訓諸暨性度端凝無支詞僞行抑浮賑乏終如其始居

五年卒諸生為立祠祀之

甯欽（浙江通志）字宗堯衡陽人正德間以舉人署諸暨學諭士有不能婚喪者輟月俸為助先是諸生有持學事短長者欽至繩束之莫敢犯俗婚喪多不以禮欽為繪六禮圖疏附儀注陳肆學宫令衆觀覽且有精鑒諸生中凢許可者無不向進六年名為監察御史（隆慶暨志）聞欽在任時憲司行部至縣以事怒縣令欽為白并及之後為御史前憲司被逮欽按獄知非其罪先令人慰之曰毋慊

前嫌人服其長者

尹一仁〔萬歷紹興府志〕字任之安福人嘉靖中為暨諭初至即教人以致知求觀本體諸生譁然久之見一仁事事反躬約已取與辭受必要諸義始翕然信之時紫山書院初成一仁為諸生陳布科條作止進退坐卧詠歌皆有節度嘗著求放心說一時傳為名言六年遷工部主事

耿文高〔苧蘿山稿耿博士序〕博士從雲間舍中遷吾邑罷司馬方攝邑政既而司馬坐事去遂以博

士視事暨俗剽疾信信聚訟圖譙門博士一切以愷悌撫之理縮者不勒罰鍰即不縮而知悔罪則城旦鬼薪亦就湔除俗樂其寬為罷去嗣後捘鉅筩者日不滿什餘輩獄吏胥徒無所彝文民賴以安堵歲不穰則示隸卒無急催科民益頓足闓懌視博士居然保母越半歲而釋事始獲悉意弟子業然暨壤遼擴依山谷水澤者窮日之力而始達學宮於是悉授以意旨遠近隨其宜令各以時至肅衣冠受課為士亦翕然嚮風而覿師氏藹然父

兄也博士以儒術飾吏治故士民委心以歸部使廉其實則發金綺褒之

> 謹按耿博士職官志中失其人然舊志載忠聖祠為萬歷辛丑耿文高自松江任諸暨教諭以其事詳憲建祠則耿博士為文高無疑今現在神位祀胡公存道即配以耿公文高固宜補傳如右

王漣公舉事實字琨巒號玉山桐廬人舉康熙壬午經元由廣西興安知縣改學諭任暨仿蘇湖條教嚴督諸生一時多所振作人文漸起先是學右比聯縣治公廨後多居民皆由學門出入漣議以學宮地通民間路築墻為界曰宮街居民便之自

是黌舍肅清學業始專

王鯉翔〔公舉事實〕本姓汪字靈川歸安人康熙戊子舉於鄉考授內閣中書改選諸暨學諭溫溫雅飭吐詞若不出口而確有定見不少詭隨於人時方邑侯以恭將加刑一上舍生請鯉翔至縣堂問生犯何律則曰若負其錢為責償之鯉翔乃作而曰名教攸關掌教者與有責焉豈為人索債言已遽出人欽其正邑弟子員歲入以額其未進者鯉翔不以不在門厓岸之童蒙之求兼多成就立教

以朱子讀書法爲程文法先正詩必法古所輯録有集朱子讀書法時文法貫唐詩選皆未刻及門爲刻四書題鏡行世

論曰邑令民之師帥也邑令之賢者師帥之儀表也考之正史如吳之陸凱齊之傅琰梁之蕭眎素裴子野宋之熊克明之王章陳子龍諸君子非古所稱卓卓者與至如青陽劉光復之於水利民閒爲之立祠者六十三所治績茂矣而明史不載則史之疎也乃若丞倅有輔翼之功而元有黃晉卿

學職有師儒之道而明有尹任之又皆深於理學者矣若而人者或循或異或廉或能或扶植人倫或廣宣德教後事師前不執一例而其裨國益民無慚良牧則一也噫九原如可作也吾誰與歸沈椿齡